普通高等教育"十一五"国家级规划教材
21世纪韩国语系列教材
本书曾获大学出版社优秀教材一等奖

大学韩国语

第一册

（第三版）

主编　牛林杰　[韩]崔博光
副主编　黄永哲　张京青　张晓娜

北京大学出版社
PEKING UNIVERSITY PRESS

图书在版编目(CIP)数据

大学韩国语.第一册/ 牛林杰,(韩)崔博光主编.—3版.—北京:北京大学出版社,2014.6
(21世纪韩国语系列教材)
ISBN 978-7-301-24199-8

Ⅰ.大… Ⅱ.①牛…②崔… Ⅲ.朝鲜语-高等学校-教材 Ⅳ.H55

中国版本图书馆CIP数据核字(2014)第086812号

书　　　名：	大学韩国语.第一册(第三版)
著作责任者：	牛林杰　〔韩〕崔博光　主编
责 任 编 辑：	刘　虹
标 准 书 号：	ISBN 978-7-301-24199-8/H·3515
出 版 发 行：	北京大学出版社
地　　　址：	北京市海淀区成府路205号　100871
网　　　址：	http://www.pup.cn　新浪官方微博:@北京大学出版社
电　　　话：	邮购部62752015　发行部62750672　编辑部62759634　出版部62754962
电 子 邮 箱：	编辑部 pupwaiwen@pup.cn　　总编室 zpup@pup.cn
印　刷　者：	北京溢漾印刷有限公司
经　销　者：	新华书店
	787毫米×1092毫米　16开本　13.25印张　250千字
	2005年7月第1版　2009年8月第2版
	2014年6月第3版　2023年8月第7次印刷
定　　　价：	48.00元

未经许可,不得以任何方式复制或抄袭本书之部分或全部内容。
版权所有,侵权必究
举报电话: 010-62752024　电子邮箱: fd@pup.pku.edu.cn

"十二五"普通高等教育本科国家级规划教材

"21世纪韩国语系列教材"专家委员会

主任委员：

安炳浩　北京大学　教授
　　　　中国朝鲜语/韩国语教育研究学会会长
张光军　解放军外国语学院亚非系主任　博导
　　　　教育部外语教学指导委员会委员
　　　　大韩民国国语国文学会海外理事
张　敏　北京大学　教授　博导
牛林杰　山东大学　教授　博导

委　员：

金永寿　延边大学朝鲜韩国学院院长　教授
苗春梅　北京外国语大学亚非学院韩国语系主任　教授
何彤梅　大连外国语大学韩国语系　教授
王　丹　北京大学外国语学院副院长　教授　博导

韩国专家顾问：

闵贤植　韩国首尔大学国语教育系　教授
姜信沆　韩国成均馆大学国语国文系　教授
赵恒禄　韩国祥明大学国语教育系　教授

第三版出版说明

《大学韩国语》是普通高等教育"十一五"国家级规划教材,也是北京大学出版社21世纪韩国语系列教材之一,获得中国大学出版社图书奖优秀教材一等奖、山东省高等教育教学成果奖二等奖。自2005年初版、2009年第二版以来,已经被国内外几十所大学韩国语专业选为韩国语精读教材。为了进一步适应韩国语教育的发展趋势,提高韩国语精读教学的水平,满足广大学习者的需求,编者在原教材的基础上进行了调整和修订,第三版得以问世。

1. 本教材第三版仍然共分6册,供大学韩国语专业一至三年级使用,也可供学习者自学。前4册每册18课,第5—6册每课12课。每课由课文、词汇、语法、练习、课外阅读、补充词汇等组成。

2. 本版主要修订的内容,是替换掉原来课文中的一些与当前韩国实际生活不相符的内容。比如搬家一课中对于赠送乔迁礼物的描述。而对于原版中比较模糊的概念,选择韩国的学校教育中较通用的说法。比如使用韩国语的人数,以及现代韩国语的字母构成等。

3. 对原版图书中一些单词和例句等的中文释义,进行了再梳理,去除不适当的和不正确的,对一些同音异义词(韩文同音,汉字不同,释义不一),保留文中实际用到的。对例句的错译或有差距的翻译,也予以修订。

4. 练习题进行了一定的修改。尤其是将翻译题中一些大段的中译韩,换成了分成几道小题的中译韩。以期对学生的活学活用起到启发作用。

5. 邀请韩国首尔大学名师,对课文、词汇、课外阅读、补充单词等内容重新录音。标准地道的发音、优美的音色音质,帮您快乐学习韩国语!

虽然本教材已经在广大师生们的使用中得到了肯定,但是我们不满足于现状,努力做到更好。敬请国内外老师、读者对本教材提出宝贵意见!

北京大学出版社 韩语工作室
2014年5月7日

第二版前言

　　中韩两国隔海相望,文化交流源远流长。1992年中韩建交以来,两国在政治、经济、文化等各领域的交流日益频繁。在我国,学习韩国语、渴望了解韩国文化的人越来越多,韩国语教育也进入了一个新的历史时期。根据社会的需求,山东大学韩国学院组织编写了这套韩国语基础课教材。本教材是北京大学出版社组织出版的"21世纪韩国语系列教材"之一。教材根据韩国语语法、词汇、词性的难易度、使用频率,以日常生活、韩国文化为主要内容,旨在培养学习者的综合韩国语能力。

　　本教材遵循由浅入深、循序渐进的原则,语法讲解详细系统,听、说、读、写各方面的训练分布均匀,使学生在获得扎实、坚固基本功的基础上,能够活学活用,快速提高韩国语综合能力。另外,教材还反映了韩国的政治、经济、文化等内容,使学习者在学习韩国语的同时,加深对韩国的了解。

　　本教材共分6册,可供大学韩国语专业一至三年级作为精读教材使用,也可供广大韩国语爱好者自学。教材第1—4册每册18课,第5—6册每册12课,每课由课文、词汇、语法、练习、课外阅读、补充词汇等组成。课文一般由一段对话和一段简短的说明文组成。对话部分一般使用口语形式,以日常生活内容为题材,便于学习者理解、记忆和使用;说明文字则根据会话的主题设计,一般使用书面语形式。生词部分整理课文中新出现的单词和惯用语。单词表中的汉字词都标出相对应的汉字,便于学习者理解和记忆。语法部分是对课文中重要句型和语法的解释。重点讲解语法的构成,并举例说明其用法。练习部分以加深对课文的理解、词汇的灵活运用、语法的熟练为主要目的,题目多样、新颖。课外阅读由一篇与课文内容相关的短文组成,通过短文阅读,训练学习者的综合阅读能力,扩大词汇量。补充生词部分收录语法和练习、课外阅读中出现的生词。每册的最后附有总词汇表,是全书单词的整理,便于学习者查找。

　　本教材在编写和出版过程中,得到了山东大学韩国学院和北京大学出版社的大力支持和帮助。韩国学院亚非语言文学专业研究生刘惠莹、贺淼、徐静静、王凤玲、尚应朋、方飞等参加了本教材的部分编写和资料整理工作,北京大学出版社的编辑同志为本教材的出版付出了艰辛的努力。在此,我们谨向所有关心和支持本教材编写和出版的有关人士表示衷心的感谢。

  由于时间仓促和编者的水平所限,书中难免出现一些错误,真诚地希望国内外韩国语教育界的同行和广大读者对这套教材提出宝贵意见。

牛林杰

2009年3月

目录

제1과	한국어 자모와 발음(1)	1
제2과	한국어 자모와 발음(2)	11
제3과	받침	16
제4과	어음변화	20
제5과	이름은 무엇입니까?	28
제6과	어디에 갑니까?	37
제7과	본문을 보세요.	47
제8과	사무실이 몇 층에 있습니까?	58
제9과	어제 무엇을 했어요?	70
제10과	물건 사기	81
제11과	가족 소개	92
제12과	하루 일과	101
제13과	전화	112
제14과	도서관에서	124
제15과	식당에서	137
제16과	길 묻기	150
제17과	이메일	161
제18과	계획 세우기	174
낱말색인		187

第一课	韩国语字母和发音(1)	1
第二课	韩国语字母和发音(2)	11
第三课	收音	16
第四课	音变现象	20
第五课	你叫什么名字?	28
第六课	你去哪儿?	37
第七课	请看课文。	47
第八课	请问办公室在几楼?	58
第九课	昨天做什么了?	70
第十课	买东西	81
第十一课	介绍家人	92
第十二课	一天的作息	101
第十三课	电话	112
第十四课	在图书馆	124
第十五课	在餐厅	137
第十六课	问路	150
第十七课	电子邮件	161
第十八课	制订计划	174
总词汇表		187

제1과 한국어 자모와 발음(1)
第一课 韩国语字母和发音(1)

一、韩国语概况

韩国语是韩鲜半岛以及韩民族(朝鲜民族)居住区域使用的语言,在韩国称为韩国语,在朝鲜和中国称作朝鲜语,乌兹别克斯坦等前苏联高丽人居住地区称作高丽语。 现在世界上使用韩国语的人口约8000万人(其中韩国约4800万人,朝鲜约2700万人,其他地区约500万人),是世界上使用人口排名居十二至十三位的语言。朝鲜半岛的韩国语大体可分为六种方言:西北方言(平安道方言)、东北方言(咸镜道方言)、西南方言(全罗道方言)、东南方言(庆尚道方言)、中部方言、济州岛方言。 除济州岛方言外,方言之间的差别不大。

1. 基本语序

我们知道汉语句子的主要成分是主语、谓语和宾语。韩国语句子的主要成分也是主语、谓语和宾语。但这些句子成分在两种语言中的排列顺序却有所不同,汉语是"主—谓—宾",而韩国语是"主—宾—谓"。比如,汉语"我 学习 韩国语"的韩国语讲法是"我 韩国语 学习(나는 한국어를 배웁니다)"。由此可见,汉语中的动宾结构在韩国语中成了"宾动"结构。

汉　语:主语 – 谓语 – 宾语
韩国语:主语 – 宾语 – 谓语

修饰语放在被修饰语前面,这一点,汉语和韩国语是一样的。另外,汉语句子中谓语后面可以带补语,构成动补结构。但韩国语是以谓语来结束一个句子的。汉语

句子中的补语在韩国语句子中放在谓语前面。比如,汉语"我 去 一趟"的韩国语讲法是"我 一趟 去(제가 한 번 다녀오겠습니다)",汉语"做得好"的韩国语讲法是"好好地做了(잘 했어요)"。

韩国语的定语放在中心词前面,这一点和汉语一样。

2. 语言类型

从语言类型上看,汉语属于孤立语,韩国语则属于黏着语。孤立语也叫词根语,它的特点是词内没有专门表示语法意义的附加成分,缺少词的形态变化,在句子中词与词之间的语法关系主要依靠词序和虚词来表示。比如,在三个单词"我"、"学习"、"韩国语"上不加任何表示语法关系的附加成分,词的形态也不变动,只按"主—谓—宾"的顺序排列成"我学习韩国语",就成了一个完整的句子。

黏着语也叫胶着语。它的特点是有专门表示抽象语法意义的附加成分。在韩国语中附加成分包括助词和词尾(语尾)。附着在名词、代名词、数词等体词(体言)后面的附加成分叫做助词,而附着在动词、形容词等谓词(用言)词干后面的附加成分叫做词尾(语尾)。

比如,助词"가"或"이"使它所附着的体词在句中做主语,助词"를"或"을"使它所附着的体词在句中做宾语。又比如,"ㅂ니다"或"습니다"等终结词尾在句中使它所附着的谓词做谓语。

汉　语:我 – 学习 – 韩国语。
韩国语:我+助词 – 韩国语+助词 – 学习+词尾。
　　　　(나+는 — 한국어+를 — 배우+ㅂ니다.)

3. 词汇

从词汇的构成来看,韩国语中有固有词、汉字词和外来词。固有词是韩民族在长期的劳动生活实践中形成的固有词汇。汉字词,顾名思义就是用汉字所标记的韩国语单词,汉字词主要来自中国,有些来自日本,还有些是韩民族自己创造出来的。在韩国语中汉字词所占的比率很高,韩国语汉字词中的汉字有韩国语规定的读法——"音读"。外来词也叫外来语,是指受英语等西方语言影响而形成的词汇,其发音和西方语言近似。

4. 词性分类

韩国语的词汇按词的性质大致可分为九类。

① 名词　　　　② 代名词　　　　③ 数词
④ 动词　　　　⑤ 形容词　　　　⑥ 副词
⑦ 冠形词　　　⑧ 感叹词　　　　⑨ 助词

　　名词、代名词、数词统称为体词(体言)，动词、形容词统称为谓词(用言)。副词是用来修饰谓词的，它的范围较广，包括接续副词、拟声词和拟态词。冠形词是用来修饰体词的，是专门做定语的词，为数不多。感叹词在句子中独立使用或单独构成一句话。助词是在句子中附加在体词后面，表示各种语法关系的、不能独立运用的一种词类。表示抽象的语法意义的附加成分，除助词外还有词尾(语尾)。词尾是附加在谓词(动词和形容词)词干后面的。韩国语中没有介词。

5. 文字及发音特点

　　从文字上看，韩国使用的是拼音音节文字。每个字即音节，是由几个字母按一定的规则拼写而成。直到15世纪中叶，生活在朝鲜半岛上的韩民族一直没有自己的文字，而是借用中国的汉字。1446年朝鲜国王世宗大王颁布了《训民正音》，从此，韩民族开始有了自己的文字。世宗大王在《训民正音》中阐述了创制新文字的动机，即"国之语音，异乎中国，与文字不相流通。故愚民有所欲言，而终不得伸其情者多矣。予为此悯然，新制二十八字，欲使人人易习，便于日用耳。"

　　韩国语一共有40个字母，其中辅音(子音)有19个，元音(母音)有21个。韩国语是拼音文字，每个字是由2~4个字母组成的。它不仅有左右结构，而且也有上下结构、上中下结构和上下左右混合结构。

　　韩国语的辅音与汉语普通话的声母比较起来有很大的不同。韩国语中没有唇齿音"f"，也没有平舌音和卷舌音的区分。汉语拼音字母"z"和"j"、"s"和"x"、"c"和"q"在使用上有明确的区分。但在韩国语中类似汉语辅音"z"和"j"的音用一个字母"ㅈ"来表示。与"s"和"x"对应的是"ㅅ"，与"c"和"q"对应的是"ㅊ"。

　　韩国语19个辅音中14个有松音、紧音、送气音的对应关系。韩国语的元音也非常丰富。21个元音当中10个是单元音。我们知道音节可以分为开音节与闭音节，以

제1과 **한국어 자모와 발음(1)**　3

元音收尾的称为开音节,以辅音收尾的称为闭音节。我们通常称闭音节中收尾的辅音为"收音"。现代汉语普通话中只有两个收音,即辅音韵尾"-n"和"-ng";而韩国语中的收音多达27种,但其实际读音只有7种。

二、韩国语字母和发音(1)

现代**韩国语的基本字母**是24个,而表示韩国语音素的字母是40个,其中元音字母21个,辅音字母19个。韩国语的元音可分为单元音和复合元音。

单元音(홑모음): ㅏ, ㅓ, ㅗ, ㅜ, ㅡ, ㅣ, ㅐ, ㅔ, ㅚ, ㅟ
复合元音(겹모음): ㅑ, ㅕ, ㅛ, ㅠ, ㅒ, ㅖ, ㅘ, ㅙ, ㅝ, ㅞ, ㅢ

韩国语的辅音按其音的性质,可分为:

松音(순한소리, 평음): ㄱ, ㄷ, ㅂ, ㅅ, ㅈ, ㅎ
送气音(거센소리, 격음): ㅋ, ㅌ, ㅍ, ㅊ
紧音(된소리, 경음): ㄲ, ㄸ, ㅃ, ㅆ, ㅉ
响音(울림소리): ㄴ, ㅁ, ㅇ, ㄹ

모음(元音): ㅏ ㅑ ㅓ ㅕ ㅗ ㅛ ㅜ ㅠ ㅡ ㅣ
자음(辅音): ㄱ ㄴ ㄷ ㄹ ㅁ ㅂ ㅅ ㅇ ㅈ ㅊ ㅋ ㅌ ㅍ ㅎ

발음방법(发音方法):

1. 모음(元音)(1)

ㅏ [a]

单元音。发音时,口自然张开,下颚向下伸,舌尖也随之向下接近下齿龈,双唇自然放松。发音与汉语拼音的"a"相似。

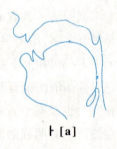

ㅏ [a]

ㅑ [ja]

复合元音。发音时,先发半元音[j],然后迅速滑向单元音"ㅏ"。

韩国语字母和发音(1)

ㅓ [ə]

单元音。发音时,口形比"ㅏ"小一些,舌后部稍微抬起,嘴唇不要成圆形。和汉语拼音的"e"相似,在舌面部比汉语的"e"要低一些,口张得大一些。

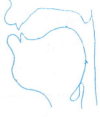

ㅓ [ə]

ㅕ [jə]

复合元音。发音时,先发半元音[j],然后迅速滑向单元音"ㅓ"。

ㅗ [o]

单元音。发音时,口稍微张开,舌身向后缩,舌后部自然向上抬起,双唇向前拢成圆形。注意双唇拢成圆形后保持不动。比汉语的"o"唇更圆。

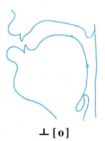

ㅗ [o]

ㅛ [jo]

复合元音。发音时,先发半元音[j],然后迅速滑向单元音"ㅗ"。

ㅜ [u]

单元音。发音时,口形比发"ㅗ"时张得更小一些,舌面后部抬起,使其贴近软腭,双唇向前拢成圆形。与汉语拼音的"u"相似,但口形没有汉语"u"那样尖圆突出。

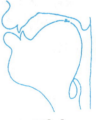

ㅜ [u]

ㅠ [ju]

复合元音。发音时,先发半元音[j],然后迅速滑到单元音"ㅜ"。

ㅡ [ɯ]

单元音。发音时,口稍微张开,舌身稍向后缩,舌前部放平,舌后部略向软腭抬起,嘴唇向两边拉开。

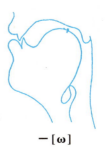

ㅡ [ɯ]

ㅣ [i]

　　单元音。发音时，口稍微张开，舌尖抵住下齿龈，舌面抬起贴近硬腭，双唇稍微向两边拉开。与汉语拼音的"yi"相似。

2. 자음(辅音)(1)

ㄱ [k]

　　松音。发音时，将舌面后部抬起，使舌根接触软腭，堵住气流，然后放开，使气流冲出而发声。它与汉语拼音的"g"相似，但力度要小一点。

ㄴ [n]

　　响音。发音时，先用舌尖抵住上齿龈，堵住气流，然后使气流从鼻腔中泻出来，同时舌尖离开上齿龈，振动声带而发音。它与汉语拼音的"n"相似。

ㄷ [t]

　　松音。发音时，先用舌尖抵住上齿龈，堵住气流，然后舌尖离开上齿龈，使气流冲出，爆发、破裂成声。它与汉语拼音的"d"相似。

ㄹ [ɾ]

　　响音。发音时，舌尖放在上齿龈附近，堵住气流，然后舌尖轻轻弹出，使气流从舌尖流出而成音，声带振动，发出舌弹音[ɾ]；当"ㄹ"做收音时，舌尖抵住上齿龈，使气流从舌的两侧流出成声，发出舌边音[l]。

ㅁ [m]

　　响音。发音时，首先紧闭嘴唇，堵住气流，然后使气流从鼻腔中流出的同时，双唇张开，振动声带成声。

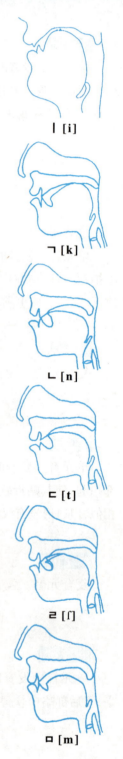

韩国语字母和发音(1)

ㅂ [p]

　　松音。发音时,双唇紧闭,堵住气流,然后用气流把双唇冲开,爆发成声。

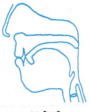

ㅂ [p]

ㅅ [s]

　　松音。发音时,舌尖抵住下齿龈,舌面前部接近硬腭,使气流从舌面前部和硬腭之间的空隙处挤出来,摩擦成声。

ㅅ [s]

ㅇ [ŋ]

　　响音。在元音前做字的首音时不发音,只是起到装饰作用。在元音后做韵尾时发[ŋ]。

ㅈ [ts]

　　松音。发音时,舌尖抵住下齿,舌面前部向上接触上齿龈和硬腭堵住气流,使气流冲破阻碍的同时,摩擦出声。

ㅊ [ts']

　　送气音。发音时,方法与辅音"ㅈ"基本相同,只是发音时要送出爆破性的气流。

ㅋ [k']

　　送气音。发音时,方法与辅音"ㄱ"基本相同,只是发音时要送出爆破性的气流。

ㅌ [t']

　　送气音。发音时,方法与辅音"ㄷ"基本相同,只是发音时要送出爆破性的气流。

ㅍ [p']

　　送气音。发音时,方法与辅音"ㅂ"基本相同,只是发音时要送出爆破性的气流。

ㅎ [h]

　　松音。发音时,使气流从声门挤出,这时声带摩擦发出此音。

练 习

1. 朗读下列发音。

元音 辅音	ㅏ	ㅑ	ㅓ	ㅕ	ㅗ	ㅛ	ㅜ	ㅠ	ㅡ	ㅣ
ㄱ	가	갸	거	겨	고	교	구	규	그	기
ㄴ	나	냐	너	녀	노	뇨	누	뉴	느	니
ㄷ	다	댜	더	뎌	도	됴	두	듀	드	디
ㄹ	라	랴	러	려	로	료	루	류	르	리
ㅁ	마	먀	머	며	모	묘	무	뮤	므	미
ㅂ	바	뱌	버	벼	보	뵤	부	뷰	브	비
ㅅ	사	샤	서	셔	소	쇼	수	슈	스	시
ㅇ	아	야	어	여	오	요	우	유	으	이
ㅈ	자	쟈	저	져	조	죠	주	쥬	즈	지
ㅊ	차	챠	처	쳐	초	쵸	추	츄	츠	치
ㅋ	카	캬	커	켜	코	쿄	쿠	큐	크	키
ㅌ	타	탸	터	텨	토	툐	투	튜	트	티
ㅍ	파	퍄	퍼	펴	포	표	푸	퓨	프	피
ㅎ	하	햐	허	혀	호	효	후	휴	흐	히

注意：韩国语的辅音只有和元音相结合，才能形成音节。韩国语的元音可以独自形成音节，但书写时前面必须加辅音"ㅇ"，这时"ㅇ"没有实际音值，只为了使字形美观而使用。例如：元音"ㅏ，ㅑ，ㅓ，ㅕ……"在书写时，为"아，야，어，여……"。

韩国语字母和发音(1)

2. 朗读下列发音。

셔 — 슈	야 — 여	고 — 코
서 — 시	히 — 흐	나 — 라
자 — 차	어 — 으	규 — 슈
주 — 수	냐 — 녀	쥬 — 츄
죠 — 슈	혀 — 효	켜 — 큐
초 — 쵸	뇨 — 료	토 — 도
가 — 고	푸 — 부	키 — 기

3. 朗读下列单词。

ㄱ:	거미 蜘蛛	구두 皮鞋	아기 孩子	고구마 地瓜
ㄴ:	나비 蝴蝶	누나 姐姐〈男称〉	뉴스 新闻	너 你
ㄷ:	두부 豆腐	지도 地图	다리 桥;腿	도토리 橡子
ㄹ:	우리 我们	나라 国家	기러기 大雁	머리 头
ㅁ:	모자 帽子	나무 树	주머니 口袋	어머니 妈妈
ㅂ:	비 雨	보리 大麦	아버지 爸爸	벼 稻子
ㅅ:	사자 狮子	소나무 松树	소리 声音	도시 城市
ㅇ:	여자 女子	아이 孩子	이마 额头	여기 这里
ㅈ:	주사 注射	지구 地球	자리 位子	바지 裤子
ㅊ:	기차 火车	고추 辣椒	차 茶	초 蜡烛
ㅋ:	조카 侄子	키 个子,身高	커피 咖啡	코피 鼻血
ㅌ:	토마토 西红柿	사투리 方言	투우사 斗牛士	코트 短大衣
ㅍ:	파도 波涛,波浪	피리 笛子	우표 邮票	피아노 钢琴
ㅎ:	하마 河马	휴지 手纸	호수 湖	허리 腰

제1과 한국어 자모와 발음(1)

4. 朗读下列日常用语。

안녕하십니까? 您好!
선생님, 안녕하세요? 老师好!
안녕히 가세요. 再见!(请走好!)
안녕히 계세요. 再见!(请留步!)

제2과 한국어 자모와 발음(2)
第二课　韩国语字母和发音(2)

모음: ㅐ ㅒ ㅔ ㅖ ㅘ ㅙ ㅚ ㅝ ㅞ ㅟ ㅡ
자음: ㄲ ㄸ ㅃ ㅆ ㅉ

发音方法

1. 모음 (元音)(2)

ㅐ [ɛ]

单元音。发音时,口稍微张开,比"ㅏ"要小一些,嘴唇向两边拉紧一点,舌尖顶住下齿,送气成音。

ㅐ [ɛ]

ㅒ [jɛ]

复合元音。发音时先发半元音[j],然后迅速滑向单元音"ㅐ",即可发出此音。

ㅔ [e]

单元音。发音时,口张的比发"ㅐ"时要小一些,嘴唇两边放松,舌面要比发"ㅐ"时稍微高一些。

ㅔ [e]

ㅖ [je]

复合元音。发音时先发半元音[j],然后迅速滑向单元音"ㅔ",即可发出此音。

ㅘ [wa]

复合元音。发音时先发半元音[w],然后迅速滑向单元音"ㅏ",即可发出此音。

ㅚ [ø]

单元音。发音时,口稍微张开,舌面向软腭抬起,嘴唇拢成圆形。口形与发"ㅜ"时相同,但舌位及舌形与发"ㅔ"时相同。

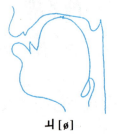

ㅚ [ø]

ㅙ [wɛ]

复合元音。发音时先发半元音[w],然后迅速滑向单元音"ㅐ",即可发出此音。

ㅝ [wə]

复合元音。发音时先发半元音[w],然后迅速滑向单元音"ㅓ",即可发出此音。

ㅞ [we]

复合元音。发音时先发半元音[w],然后迅速滑向单元音"ㅔ",即可发出此音。

ㅟ [y]

单元音。发音时,舌面比发"ㅚ"时更向上抬起,嘴唇拢成圆形。口形与发"ㅜ"时相同,但舌位及舌形与发"ㅣ"时相同。

ㅟ [y]

ㅢ [ɯi]

复合元音。发音时先发"ㅡ",然后迅速滑向"ㅣ",即可发出此音。"ㅢ"是平行复合元音,两个元音音素,同样响亮、清楚。

2. 자음 (辅音) (2)

ㄲ [k']

紧音。发音时,其发音部位与"ㄱ"相同,只是声带绷紧,舌面后部更为紧张,气流挤喉爆破而出。

ㄸ [t']

紧音。发音时,其发音部位与"ㄷ"相同,只是声带绷紧,舌尖更为用力,气流挤喉爆破而出。

韩国语字母和发音(2)

ㅃ[p']

紧音。发音时,其发音部位与"ㅂ"相同,只是声带绷紧,双唇更为紧张,气流挤喉爆破而出。

ㅆ[s']

紧音。发音时,其发音部位与"ㅅ"相同,只是声带绷紧,舌尖更为用力,舌面更紧张,气流挤喉摩擦而出。

ㅉ[ts']

紧音。发音时,其发音部位与"ㅈ"相同,只是声带绷紧,舌尖更为用力,舌面更紧张。

发音注意事项:

1. <의> 的发音

   A: 词的第一音时读[의]
   　　의사──[의사]（医生）　　의미──[의미]（意义）

   B: 词的第一音以外时,或与辅音相结合时读[이]
   　　회의──[회이]（会议）　　희다──[히다]（白）

   C: 做格助词时读[에]
   　　나의 의자──[나에 의자]（我的椅子）

2. <예> 的发音

   与辅音相结合时读[에]
   　　시계──[시게]（表）　　폐지──[페지]（废除）

练 习

🎧 1. 朗读下列发音。

(1) 까 따 빠 싸 짜　　꺼 떠 뻐 써 쩌
　　꼬 또 뽀 쏘 쪼　　꾸 뚜 뿌 쑤 쭈
　　끄 뜨 쁘 쓰 쯔　　끼 띠 삐 씨 찌

(2) 고 — 코 — 꼬　　두 — 투 — 뚜　　바 — 파 — 빠
　　지 — 치 — 찌　　서 — 써 — 쏘　　기 — 끼 — 키
　　도 — 또 — 토　　비 — 삐 — 피　　자 — 짜 — 차
　　조 — 소 — 초　　꾸 — 구 — 쿠　　따 — 타 — 다
　　뽀 — 보 — 포　　쭈 — 주 — 추　　서 — 저 — 초
　　소 — 조 — 추

(3) 에 — 애 — 얘　　예 — 얘 — 왜　　외 — 왜 — 웨
　　와 — 워 — 위　　의 — 이 — 위　　과 — 뒤 — 네
　　제 — 좌 — 개　　뭐 — 귀 — 돼　　쥐 — 꽤 — 쇠
　　새 — 게 — 개

🎧 2. 朗读下列单词。

새	(名)	鸟	무지개	(名)	彩虹	얘기	(名)	故事,话
제비	(名)	燕子	세계	(名)	世界	차례	(名)	顺序
사과	(名)	苹果	교과서	(名)	教科书	왜	(副)	为什么
돼지	(名)	猪	외교	(名)	外交	쇠고기	(名)	牛肉
샤워	(名)	淋浴	춥다	(形)	冷	궤도	(名)	轨道
귀	(名)	耳朵	쥐	(名)	老鼠	의자	(名)	椅子
의미	(名)	意义	예의	(名)	礼仪	희다	(形)	白

韩国语字母和发音(2)

꼬마	(名)	小孩	끄다	(动)	关(灯)	뜨다	(动)	漂浮
또	(副)	又	뽀뽀	(名)	亲吻(儿语)	아빠	(名)	爸爸(儿语)
싸우다	(动)	打仗	쓰다	(动)	用	찌다	(动)	蒸
짜다	(形)	咸的	가짜	(名)	假			

3. 朗读下列日常用语。

고맙습니다.　　　谢谢！
감사합니다.　　　谢谢！
앉으세요.　　　　请坐！
앉으십시오.　　　请坐！

제3과 받침
第三课 收音

前面我们已经学过韩国语的辅音和元音相结合或元音单独组成音节的形式。韩国语的音节构成有以下四个类型。

(1) 元音　　　　　　例如：아, 오, 우, 어……
(2) 辅音+元音　　　　例如：가, 나, 다, 라……
(3) 元音+辅音　　　　例如：알, 앞, 움, 옛……
(4) 辅音+元音+辅音　　例如：강, 돌, 밥, 눈……

以上四个类型中(1)和(2)是以元音结束的音节,称之为开音节;(3)和(4)是以辅音结束的音节,称之为闭音节。在闭音节中音节末尾的辅音称之为收音。

收音代表音：(받침) ㄱ ㄴ ㄷ ㄹ ㅁ ㅂ ㅇ

发音方法：

ㄱ [k]

发音时,舌根接触软腭,堵住气流,不让气流爆破成音。

ㄴ [n]

发音时,舌尖抵住上齿龈,使气流通过鼻腔泻出而成音。

ㄷ [t]

发音时,舌尖抵住上齿龈,使气流被舌尖阻塞而成音。

ㄹ [l]

发音时,舌尖抵住上齿龈,使气流从舌的两侧流出而成音,发出舌边音。

ㅁ [m]

发音时,双唇紧闭,使气流通过鼻腔泻出而成音。

ㅂ [p]

发音时,双唇紧闭,但气流不向外泄出,而是被双唇阻塞而成音。

收音

ㅇ [ŋ]

发音时，像发收音"ㄱ"那样，将气流堵在舌根和软腭之间，只是使气流通过鼻腔泻出而成音。

收音的同音归纳

在韩国语中，收音共有 27 个，其中单收音 16 个，双收音 11 个，但是实际发音只有"ㄱ""ㄴ""ㄷ""ㄹ""ㅁ""ㅂ""ㅇ"7 个音。

收音总结

代表音	音标	收音	例子
ㄱ	k	ㄱ, ㅋ, ㄲ, ㄺ, ㄳ	국, 부엌, 밖, 닭, 넋
ㄴ	n	ㄴ, ㄵ, ㄶ	눈, 돈, 앉다, 많다
ㄷ	t	ㄷ, ㅅ, ㅈ, ㅊ, ㅌ, ㅆ, ㅎ	곧, 끝, 옷, 낮, 꽃, 있다, 넣다
ㄹ	l	ㄹ, ㄼ, ㄽ, ㄾ, ㅀ	달, 여덟, 물곬, 핥다, 잃다
ㅁ	m	ㅁ, ㄻ	곰, 젊다
ㅂ	p	ㅂ, ㅍ, ㅍ, ㅄ	집, 밥, 앞, 읊다, 값
ㅇ	ŋ	ㅇ	종, 공, 병

注意："ㄼ"一般发左边的"ㄹ"音，但有些例外。例如："밟다"[밥따]，只发右边的"ㅂ"音；"넓다"[널따]只有在"넓적다리"[넙쩍따리]、"넓죽하다"[넙쭈카다]、"넓둥글다"[넙뚱글다]三种用法时发右边的"ㅂ"音。

练习

🎧 1. 朗读下列发音。

감 — 간　　　　　넋 — 넛
숨 — 순　　　　　안 — 앉
남 — 난　　　　　안 — 않
술 — 순　　　　　밥 — 밤

발 — 반   송 — 손
절 — 전   송 — 숭
동 — 둥   명 — 밍
장 — 잔   병 — 빙
성 — 선   형 — 흉
꼭 — 꽃   심 — 힘
속 — 솥   녕 — 닝
밖 — 밭   김 — 긴
흠 — 흑   손 — 순
닭 — 닦

2. 朗读下列单词。

ㄱ:	국	汤	부엌	厨房	밖	外,外面
	닭	鸡	흙	泥土	넋	魂魄
ㄴ:	눈	眼睛;雪	손	手	한국	韩国
	앉다	坐	많다	多		
ㄷ:	곧	马上	끝	末,终	옷	衣服
	낮	白天	꽃	花	있다	有
	넣다	放入,装入				
ㄹ:	달	月亮	여덟	八	물곬	水渠
	핥다	舔	잃다	失去,丢失		
ㅁ:	곰	熊	섬	岛	밤	夜晚;栗子
	젊다	年轻	담배	烟		
ㅂ:	집	家	밥	饭,米饭	앞	前
	읊다	吟(诗)	값	价格	없다	没有
ㅇ:	종	铃;钟	공	球	병	病;瓶
	중국	中国	형	哥哥(男称)		

收音

 3. 朗读下列日常用语。

몇 학년이에요?   几年级学生？
일 학년입니다.   一年级。
교실이 몇 층에 있어요?   教室在几楼？
3층에 있어요.   在三楼。

제4과 어음변화
第四课 音变现象

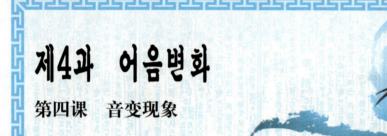

1. 连音化(연음):

连音化现象是指带收音(除"ㅇ""ㅎ"外)的音节,与以元音为首音的后一个音节相连时,收音移到后一个音节,充当其首音的音变现象。

한국어—[한구거]	단어—[다너]	직업—[지겁]
흙을—[흘글]	몫으로—[목스로]	앉아—[안자]
밟아—[발바]	넓어—[널버]	물곬을—[물골슬]
핥아—[할타]	값으로—[갑스로]	젊은—[절믄]

注意:

(1) 收音"ㅎ"与后面元音相拼时,不连音,脱落。

넣어서—[너어서]   좋아서—[조아서]

双收音"ㄶ"和"ㅀ"与后一个元音相连时,"ㅎ"会脱落,"ㄴ"和"ㄹ"移到后面元音前做辅音。

이앓이—[이아리]   않아서—[아나서]

(2) 当在与后面以元音为首音的独立词相连时,应先转换为该收音的代表音之后,再把代表音移到后面音节上,与其相连。

例如:

옷 + 안 [온안] → [오단] (○),   [오산] (×)
옷 + 아래 [온아래] → [오다래](○),   [오사래](×)
값 + 없다 [갑업따] → [가법따] (○),   [갑섭따](×)
맛 + 없다 [맏업따] → [마덥따] (○),   [마섭따](×)

音变现象

2. 同化现象（동화）

同化现象是指两个不同的音，相互影响，发音变得相同或相似的现象。

(1) 腭化（구개음화）

收音"ㄷ""ㅌ"与词尾或词缀"이""히"相连时，不读"디""티"而读"지""치"。

굳이: [구지]   맏이: [마지]
같이: [가치]   밭이: [바치]
갇히다: [가치다]

(2) 鼻音化（비음화）

1) 前一音节的以"ㄱ""ㅂ""ㄷ"为代表音的收音，受到后音节首音"ㄴ""ㅁ"的影响，被同化为"ㅇ""ㅁ""ㄴ"音。

例如：

혁명 [형명]   부엌문 [부엉문]
겉문 [건문]   앞날 [암날]

2) 收音"ㅁ""ㅇ"后的辅音"ㄹ"被同化为"ㄴ"。

例如：

장래 [장내]   종류 [종뉴]

3) 收音"ㅂ""ㄱ"后的辅音"ㄹ"被同化为"ㄴ"，同时"ㅂ""ㄱ"被同化为"ㅁ""ㅇ"。

例如：

십리 [십니—심니]   협력 [협녁—혐녁]
국립 [국닙—궁닙]

(3) 舌边音化（설측음화）

当[ㄴ+ㄹ]，[ㄹ+ㄴ]时，被同化为[ㄹ+ㄹ]的现象。

例如：

논리 [놀리]   찰나 [찰라]   칼날 [칼랄]

3. 紧音化（된소리화，경음화）

紧音化现象是指在前一个音节收音的影响下，下一音节的首音由松音变为紧音的现象。

(1) 辅音"ㄱ""ㄷ""ㅂ""ㅅ""ㅈ"与前一音节的以"ㄱ""ㅂ""ㄷ"为代表音的收音相连时,变为紧音。

例如:

학교 [학꾜]   잡지 [잡찌]   걷다 [걷따]
있다 [읻따]   없다 [업따]

(2) 前一音节的收音为"ㄹ",下一音节的辅音"ㄷ""ㅅ""ㅈ"变为紧音。

例如:

필승 [필쏭]   발달 [발딸]   발전 [발쩐]

(3) 合成词中前一词根的收音为"ㄹ""ㅁ""ㄴ"时,后音节的松音变紧音。

例如:

봄+바람 [봄빠람]   안+주머니 [안쭈머니]
물+병 [물뼝]

(4) 收音为"ㄴ""ᆬ""ㅁ""ᆱ"的动词或形容词词根与松音词尾相连时,松音词尾变为紧音。

例如:

안다: 안다[안따] 안고[안꼬]
앉다: 앉다[안따] 앉고[안꼬]
검다: 검다[검따] 검고[검꼬]
삶다: 삶다[삼따] 삶고[삼꼬]

4. 送气音化(거센소리화, 기음화)

送气音化现象是指辅音"ㄱ""ㄷ""ㅂ""ㅈ"受到其前后的辅音"ㅎ"的影响,变成送气音"ㅋ""ㅌ""ㅍ""ㅊ"的现象。

例如:

축하 [추카]   옳다 [올타]
입학 [이팍]   좋지만 [조치만]

5. 缩略及脱落现象(축약 및 탈락현상)

韩国语中,部分音有缩略或脱落现象。

(1) 收音"ㅎ(ㄶ, ㅀ)"与元音相连,脱落不发音。

音变现象

例如：

좋아 → [조아]　　　많이 → [마니]　　　싫어 → [시러]

(2) 合成词中前一词素的收音"ㄹ"和后面词素的辅音相连时，"ㄹ"脱落。

例如：

솔+나무 → [소나무]　　　바늘+질 → [바느질]

(3) 词根为开音节的动词或形容词和词尾"-아/어/여，-아서/어서/여서"相连时，出现音节的缩略现象。

例如：

쓰다: 쓰+어 → 써, 쓰+어서 → 써서

하다: 하+여 → 해, 하+여서 → 해서

가다: 가+아 → 가, 가+아서 → 가서

此外还有"그 애→걔""이 애→얘""저 애→쟤""저의→제""이야기→얘기"等缩略现象。

6. 添加音现象（어음 첨가현상）

在一些合成词和派生词中，词素和词素结合时，中间会产生添加音现象。

(1) 收音 + 야, 여, 요, 유, 이 → 냐, 녀, 뇨, 뉴, 니

在合成词或派生词中，前面单词或前缀的尾音是收音，后面单词或后缀首音是"야""여""요""유""이"时，添加"ㄴ"音。

例如：

솜이불 → [솜니불]　　　　맨 입 → [맨닙]

내복약 → [내복냑 → 내봉냑]　　한여름 → [한녀름]

(2) 在合成词或派生词中，前面单词或前缀的尾音是收音"ㄹ"，后面单词或后缀首音是"야""여""요""유""이"时，添加"ㄹ"。

例如：

들일 → [들릴]　　　　불여우 → [불려우]

서울역 → [서울력]

(3) "ㅅ"添加现象（사이시옷）

在由固有词成分结合的合成词中，或由固有词和汉字词结合的合成词中，前一个词素尾音为元音，后面词素首音为松音或鼻音时，出现"ㅅ"添加现象。

例如:

기 + 발 → 깃발 [긷빨]   바다 + 가 → 바닷가 [바닫까]

배 + 머리 → 뱃머리 [밴머리]   코 + 날 → 콧날 [콘날]

* 由汉字词结合的合成词中只有"찻간(车间),툇간(退间),횟수(回数),셋방(貰房),숫자(数字),곳간(庫間)"6个合成词出现"ㅅ"添加现象。

练 习

 1. 朗读下列单词。

(1) 끝으로　잎이　넋을　밝으면　집을
(2) 같이　맏이　굳이　굳히다　미닫이
(3) 물질　높다　있다　없다　잡지
(4) 꽃향기　착하다　급행　역할　맏형
(5) 국물　신라　합리　십년　진리
(6) 꽃잎　솜이불　한여름　들일　서울역

2. 请写出正确的读音。

학교 [　　]　한여름 [　　]　국물 [　　]　꽃향기 [　　]
같이 [　　]　갇히다 [　　]　싫다 [　　]　넋을 [　　]
없다 [　　]　물질 [　　]　약속 [　　]　십년 [　　]

 3. 朗读下列日常用语。

여보세요? 거기 도서관이지요.　　喂? 是图书馆吗?
네, 맞습니다.　　是的。
전화 잘못 거셨습니다.　　您打错电话了。
미안합니다.　　对不起!
죄송합니다.　　对不起!

音变现象

发音小结

1. 韩国语字母的名称及传统字母排列顺序

辅音：ㄱ(기역), ㄴ(니은), ㄷ(디귿), ㄹ(리을), ㅁ(미음), ㅂ(비읍), ㅅ(시옷)
　　　ㅇ(이응), ㅈ(지읒), ㅊ(치읓), ㅋ(키읔), ㅌ(티읕), ㅍ(피읖), ㅎ(히읗)
　　　ㄲ(쌍기역), ㄸ(쌍디귿), ㅃ(쌍비읍), ㅆ(쌍시옷), ㅉ(쌍지읒)

元音：ㅏ(아), ㅑ(야), ㅓ(어), ㅕ(여), ㅗ(오), ㅛ(요), ㅜ(우), ㅠ(유), ㅡ(으)
　　　ㅣ(이), ㅐ(애), ㅒ(얘), ㅔ(에), ㅖ(예), ㅘ(와), ㅙ(왜), ㅚ(외), ㅝ(워)
　　　ㅞ(웨), ㅟ(위), ㅢ(의)

2. 词典中的韩国语字母排列顺序

辅音：ㄱ, ㄲ, ㄴ, ㄷ, ㄸ, ㄹ, ㅁ, ㅂ, ㅃ, ㅅ, ㅆ, ㅇ, ㅈ, ㅉ, ㅊ, ㅋ, ㅌ, ㅍ, ㅎ

元音：ㅏ, ㅐ, ㅑ, ㅒ, ㅓ, ㅔ, ㅕ, ㅖ, ㅗ, ㅘ, ㅙ, ㅚ, ㅛ, ㅜ, ㅝ, ㅞ, ㅟ, ㅠ, ㅡ,
　　　ㅢ, ㅣ

收音：ㄱ, ㄲ, ㄳ, ㄴ, ㄵ, ㄶ, ㄷ, ㄹ, ㄺ, ㄻ, ㄼ, ㄽ, ㄾ, ㄿ, ㅀ, ㅁ, ㅂ, ㅄ,
　　　ㅅ, ㅆ, ㅇ, ㅈ, ㅊ, ㅋ, ㅌ, ㅍ, ㅎ

3. 元音的分类

(1) 单元音

韩国语21个元音中有10个单元音。发单元音时，口形和舌位始终如一，不能有变化。元音的差别取决于口腔的形状，而改变口腔形状有三种方法。

1) 口形的大小和舌位的高低（嘴张大时舌位低，嘴张小时舌位高。）
2) 舌位的前伸或后缩。
3) 唇形是否呈圆形。

舌位高低 开口度	舌位前后唇形	前		中	后	
		圆	不圆	不圆	圆	不圆
高	闭	ㅟ	ㅣ		ㅜ	ㅡ
半高	半闭	ㅚ	ㅔ		ㅗ	
半低	半开		ㅐ			ㅓ
低	开			ㅏ		

* 注意：韩国语的单元音"ㅐ"与汉语的复合元音"ai[ai]"的区别。

(2) 复合元音

韩国语21个元音中,除了10个单元音,剩下的11个是复合元音。韩国语的复合元音都是由两个单元音结合而成的。也就是说韩国语中没有由三个元音结合而成的三合元音。

在复合元音中有前一元音(起头音)比后一元音(结尾音)响亮的,也有后一元音比前一元音响亮的。前者称为前响元音,后者称为后响元音。在韩国语中,以"ㅡ"音起头的复合元音"ㅢ"是前响元音,剩下的(以"ㅣ"或"ㅜ"起头的)复合元音都是后响元音。

起头音 \ 结尾音	ㅏ	ㅓ	ㅗ	ㅜ	ㅣ	ㅐ	ㅔ
ㅣ	ㅑ	ㅕ	ㅛ	ㅠ		ㅒ	ㅖ
ㅜ	ㅘ	ㅝ				ㅙ	ㅞ
ㅡ					ㅢ		

*注意:韩国语的复合元音"ㅛ""ㅠ""ㅙ""ㅞ"与汉语的三合元音"iao[iau]""iou[iou]""uai[uai]""uei[uei]"的区别。

4. 辅音的分类

发音方法 \ 发音部位		上唇 / 下唇	上齿 / 舌尖	硬腭 / 舌面	软腭 / 舌根	声门
塞音	松音	ㅂ	ㄷ		ㄱ	
	紧音	ㅃ	ㄸ		ㄲ	
	送气音	ㅍ	ㅌ		ㅋ	
擦音	松音		ㅅ			ㅎ
	紧音		ㅆ			
塞擦音	松音			ㅈ		
	紧音			ㅉ		
	送气音			ㅊ		
响音	鼻音	ㅁ	ㄴ		ㅇ	
	闪音		ㄹ			

*响音,就是振动声带发出的音。

5. 收音的同音归纳

在韩国语中，收音共有27个，其中单收音16个，双收音11个，但是实际发音只有 "ㄱ""ㄴ""ㄷ""ㄹ""ㅁ""ㅂ""ㅇ"7个音，具体归纳如下：

代表音	音标	收音	例子
ㄱ	k	ㄱ, ㅋ, ㄲ, ㄺ, ㄳ	국, 부엌, 밖, 닭, 넋
ㄴ	n	ㄴ, ㄵ, ㄶ	눈, 돈, 앉다, 많다
ㄷ	t	ㄷ, ㅅ, ㅈ, ㅊ, ㅌ, ㅆ, ㅎ	곧, 끝, 옷, 낮, 꽃, 있다, 넣다
ㄹ	l	ㄹ, ㄼ, ㄽ, ㄾ, ㅀ	달, 여덟, 물곬, 핥다, 잃다
ㅁ	m	ㅁ, ㄻ	곰, 젊다
ㅂ	p	ㅂ, ㅍ, ㄿ, ㅄ	집, 밥, 앞, 읊다, 값
ㅇ	ŋ	ㅇ	종, 공, 병

제5과 이름은 무엇입니까?
第五课 你叫什么名字?

重点语法
1. N-은/는 N입니까?
2. N-은/는 N입니다.
3. 이것/그것/저것
4. N-은/는 N이/가 아닙니다.
5. N-도

课文

(1)

가: 안녕하세요?
나: 안녕하세요? 만나서 반갑습니다.
가: 이름은 무엇입니까?
나: 제 이름은 왕호입니다.
가: 왕호 씨 고향은 어디입니까?
나: 베이징입니다.

(2)

가: 이것은 무엇입니까?
나: 이것은 핸드폰입니다.
가: 그것은 무엇입니까?

나: 이것은 카메라입니다.
가: 저것은 무엇입니까?
나: 저것은 컴퓨터입니다.

(3)
가: 안녕하세요? 저는 왕호입니다. 만나서 반갑습니다.
나: 안녕하세요? 제 이름은 김성민입니다. 왕호 씨는 중국 사람입니까?
가: 네, 저는 중국 사람입니다. 김성민 씨도 중국 사람입니까?
나: 아니요, 저는 중국 사람이 아닙니다. 저는 한국 사람입니다.

词汇

이름	[名]	名字,姓名
무엇	[代]	什么
안녕하다 [安寧-]	[形]	安宁,平安
만나다	[动]	见面,碰面
반갑다	[形]	高兴
제	[冠]	我的
저	[代]	我(谦称)
왕호 [王浩]	[人名]	王浩
-씨 [-氏]	[名]	用于人名后,表示尊敬
고향 [故鄉]	[名]	故乡
어디	[代]	哪里
베이징 [Beijing]	[地名]	北京
이것	[代]	这个
그것	[代]	那个
저것	[代]	那个
핸드폰 [handphone]	[外]	手机
카메라 [camera]	[外]	照相机
컴퓨터 [computer]	[外]	电脑,计算机

김성민 [金成民]	[人名]	金成民
중국 [中國]	[国名]	中国
사람	[名]	人
네	[感叹]	是，是的
아니다	[形]	不，不是
한국 [韓國]	[名]	韩国

语 法

1. N-은/는 N입니까?

尊敬阶判断句的疑问形式，意为"是……吗?"用于需要对听者表示尊敬的场合。N为体词(名词、代词、数词)，闭音节后接添意助词"은"，开音节后接添意助词"는"。

例如：

(1) 왕호 씨는 중국 사람입니까?　　　王浩是中国人吗？
(2) 셀리 씨는 프랑스 사람입니까?　　萨莉是法国人吗？
(3) 이름은 무엇입니까?　　　　　　　你叫什么名字？
(4) 고향은 어디입니까?　　　　　　　老家是哪里？

2. N-은/는 N입니다.

尊敬阶判断句的陈述形式，意为"是……"。用于需要对听者表示尊敬的场合。闭音节后接添意助词"은"，开音节后接添意助词"는"。

例如：

(1) 우리는 대학생입니다.　　　　　　我们是大学生。
(2) 제 이름은 김성민입니다.　　　　　我的名字叫金成民。
(3) 야마다 씨는 일본 사람입니다.　　山田是日本人。
(4) 제임스 씨는 미국 사람입니다.　　詹姆斯是美国人。

3. 이것/그것/저것

指示代词。

이것: "这个", 所指物体离说话人和听话人都比较近。

그것: "那个", 所指物体离听话人较近, 离说话人较远。或者指话语中已经提到或说者与听者都知道的物体。

저것: "那个", 所指物体离说话人和听话人都比较远。

例如:

(1) 이것은 볼펜입니다.
  这是圆珠笔。
(2) 그것은 만년필입니다.
  那是钢笔。
(3) 저것은 책상입니다.
  那是桌子。

4. N-은/는 N이/가 아닙니다.

尊敬阶判断句的否定形式。闭音节后接主格助词"이", 开音节后接主格助词"가"。

例如:

(1) 저는 영국 사람이 아닙니다.
  我不是英国人。
(2) 제 이름은 왕호가 아닙니다. 유강입니다.
  我的名字不叫王浩, 我是刘强。
(3) 이것은 장미꽃입니까?
  这是玫瑰花吗?
  아니요, 장미꽃이 아닙니다.
  不, 不是玫瑰花。
(4) 저 사람은 친구입니까?
  那个人是朋友吗?
  아니요, (저 사람은) 친구가 아닙니다.
  不, (那个人)不是朋友。

5. N-도

体词后接添意助词도，译为汉语的"……也"。

例如：

(1) 왕호 씨는 중국 사람입니다. 유강 씨도 중국 사람입니다.
    王浩是中国人。刘强也是中国人。
(2) 그것은 한국어 책입니다. 이것도 한국어 책입니다.
    那是韩国语书。这也是韩国语书。

练 习

1. **보기와 같이 연습하세요.** （仿照例子做练习）

   <보기> (책)
   　　　가: 책입니까?
   　　　나: 네, 책입니다.

   (1) (한국어 교실)
       가: _____　　나: _____
   (2) (일본 사람)
       가: _____　　나: _____
   (3) (대학생)
       가: _____　　나: _____
   (4) (컴퓨터)
       가: _____　　나: _____

你叫什么名字?

2. 보기와 같이 연습하세요. (仿照例子做练习)

<보기> (책)
　　　가: 책입니까?
　　　나: 아니요, 책이 아닙니다.

(1) (한국어)
　　가: _____　　나: _____
(2) (커피)
　　가: _____　　나: _____
(3) (봄)
　　가: _____　　나: _____
(4) (꽃)
　　가: _____　　나: _____

3. "는/은"을 골라 빈칸을 채우세요. (选择"는"或"은"填空)

(1) 우리 (　　　) 대학생입니다.
(2) 김성민 (　　　) 한국 사람입니다.
(3) 아버지 (　　　) 회사원입니다.
(4) 그것 (　　　) 무엇입니까?

4. 보기와 같이 연습하세요. (仿照例子做练习)

<보기> (왕호, 중국 사람)
　　　가: 왕호 씨는 중국 사람입니까?
　　　나: 네, 저는 중국 사람입니다.

(1) (김성민, 한국 사람)
　　가: 김성민 씨는 한국 사람입니까?
　　나: 네, _____
(2) (이름, 무엇, 제임스)
　　가: 이름은 무엇입니까?
　　나: _____

제5과 **이름은 무엇입니까?**

(3) (전공, 한국어)
　　가: 전공은 무엇입니까?
　　나: _____

(4) (저것, 무엇, 사전)
　　가: 저것은 무엇입니까?
　　나: _____

5. **보기와 같이 연습하세요.** (仿照例子做练习)

> <보기> (왕호, 한국 사람, 중국 사람)
> 　　가: 왕호 씨는 한국 사람입니까?
> 　　나: 아니요, 저는 한국 사람이 아닙니다. 중국 사람입니다.

(1) (왕호, 선생님, 학생)
　　가: 왕호 씨는 학생입니까?
　　나: 아니요, _____

(2) (이것, 의자, 책상)
　　가: 이것은 의자입니까?
　　나: 아니요, _____

(3) (제임스, 영국, 미국)
　　가: 제임스 씨는 영국 사람입니까?
　　나: 아니요, _____

(4) (저것, 카메라, 핸드폰)
　　가: 저것은 카메라입니까?
　　나: 아니요, _____

6. **다음 문장을 중국어로 번역하세요.** (将下列各句译成汉语)

(1) 그분이 우리 선생님입니다.
　　_____

(2) 고향은 제주도입니까?
　　_____

(3) 제 이름은 김성민이 아닙니다.

(4) 이것은 만년필이 아닙니다. 볼펜입니다.

7. 다음 문장을 한국어로 번역하세요. (将下列各句译成韩语)

(1) 您好，我是王浩，见到您很高兴。

(2) 王浩你是大学生吗？

(3) 金成民也是韩国人吗？

(4) 这不是韩国语书，是英语书。

课外阅读

안녕하세요? 저는 존슨입니다. 오스트레일리아 사람입니다. 미국 사람이 아닙니다. 저는 외교관입니다. 제 친구 스티븐은 독일 사람입니다. 회사원입니다. 김빈 씨는 한국 사람입니다. 김빈 씨는 선생님입니다. 이케다 씨는 일본 사람입니다. 이케다 씨는 방송인입니다.

补充词汇

| 우리 | [代] | 我们 |
| 대학생 [大學生] | [名] | 大学生 |

샐리 [Sally]	[人名]	萨莉
프랑스 [France]	[国名]	法国
야마다 [やまだ]	[人名]	山田
일본 [日本]	[国名]	日本
제임스 [James]	[人名]	詹姆斯
미국 [美國]	[国名]	美国
볼펜 [ballpen]	[外]	圆珠笔
만년필 [萬年筆]	[名]	钢笔
책상 [冊床]	[名]	桌子
영국 [英國]	[国名]	英国
유강 [劉强]	[人名]	刘强
장미꽃 [薔薇-]	[名]	玫瑰花
친구 [親舊]	[名]	朋友
한국어 [韓國語]	[名]	韩国语
책 [冊]	[名]	书
교실 [敎室]	[名]	教室
커피 [coffee]	[外]	咖啡
봄	[名]	春天
전공 [專攻]	[名]	专业
선생님 [先生-]	[名]	老师，先生
의자 [椅子]	[名]	椅子
제주도 [濟州島]	[地名]	济州岛
존슨 [Jonson]	[人名]	琼斯
오스트레일리아 [Australia]	[国名]	澳大利亚
외교관 [外交官]	[名]	外交官
스티븐 [Steven]	[人名]	史蒂芬
회사원 [會社員]	[名]	公司职员
김빈 [金彬]	[人名]	金彬
이케다 [いけだ]	[人名]	池田
방송인 [放送人]	[名]	播音员

제6과 어디에 갑니까?

第六课　你去哪儿?

重点语法
1. V·A-ㅂ니다/습니다.
   V·A-ㅂ니까/습니까?
2. N-에
3. N-을/를
4. N-에서
5. V·A-지 않다

课文

(1)

가: 안녕하세요? 왕호 씨.
나: 아, 김성민 씨, 안녕하세요? 어디에 갑니까?
가: 저는 학교에 갑니다. 왕호 씨도 학교에 갑니까?
나: 아니요, 저는 학교에 가지 않습니다. 서점에 갑니다.

(2)

가: 성민 씨, 지금 무엇을 합니까?
나: 일기를 씁니다.
가: 성민 씨는 매일 일기를 씁니까?

나: 아니요, 자주 쓰지 않습니다. 왕호 씨는 무엇을 합니까?
가: 만화책을 읽습니다.

(3)
가: 왕호 씨, 오래간만입니다. 요즘 무엇을 합니까?
나: 날마다 한국어를 공부합니다.
가: 어디에서 한국어를 공부합니까?
나: 대학교에서 한국어를 공부합니다.
가: 한국어는 재미있습니까?
나: 네, 참 재미있습니다.

词汇

가다	[动]	去
학교 [學校]	[名]	学校
대학교 [大學校]	[名]	大学(本科)
서점 [書店]	[名]	书店
지금 [只今]	[名]	现在
하다	[动]	做, 干
일기 [日記]	[名]	日记
쓰다	[动]	写
매일 [每日]	[名、副]	每天
자주	[副]	经常
만화책 [漫畵冊]	[名]	漫画书
읽다	[动]	读
요즘	[名]	最近
날	[名]	天
-마다	[助]	每个, 每
공부하다 [工夫-]	[动]	学习
재미있다	[形]	有意思, 有趣
참	[副]	非常, 真

你去哪儿？

语 法

1. V·A-ㅂ니다/습니다.
V·A-ㅂ니까/습니까?

尊敬阶终结词尾，接于谓词（动词和形容词）词干后。"ㅂ니다/습니다"用于陈述句，"ㅂ니까/습니까"用于疑问句。开音节后接"ㅂ니다/ㅂ니까"，闭音节后接"습니다/습니까"。

例如：

가다	去	갑니다.	去。	갑니까?	去吗？	
오다	来	옵니다.	来。	옵니까?	来吗？	
쓰다	写	씁니다.	写。	씁니까?	写吗？	
공부하다	学习	공부합니다.	学习。	공부합니까?	学习吗？	
예쁘다	漂亮	예쁩니다.	漂亮。	예쁩니까?	漂亮吗？	
크다	大	큽니다.	大。	큽니까?	大吗？	
먹다	吃	먹습니다.	吃。	먹습니까?	吃吗？	
앉다	坐	앉습니다.	坐。	앉습니까?	坐吗？	
읽다	读	읽습니다.	读。	읽습니까?	读吗？	
있다	有	있습니다.	有。	있습니까?	有吗？	
없다	没有	없습니다.	没有。	없습니까?	没有吗？	
많다	多	많습니다.	多。	많습니까?	多吗？	
좋다	好	좋습니다.	好。	좋습니까?	好吗？	
춥다	冷	춥습니다.	冷。	춥습니까?	冷吗？	

2. N-에

副词格助词"에"用于表示地点、场所的名词后，与"가다""오다""돌아가다""다니다"等趋向性动词连用，表示目的地。

例如：
(1) 가: 어디에 갑니까?　　　　　　去哪儿？
　　나: 학교에 갑니다.　　　　　　去学校。

제6과 어디에 갑니까?

(2) 가: 어디에 갑니까? 　　　　　　　去哪儿？
　　 나: 시장에 갑니다. 　　　　　　　去市场。
(3) 기차역에 갑니다. 　　　　　　　　去火车站。
(4) 집에 갑니까? 　　　　　　　　　　回家吗？
(5) 회사에 갑니다. 　　　　　　　　　去公司。
(6) 노래방에 갑니다. 　　　　　　　　去练歌房。

3. N-을/를

体词后加宾格助词을/를，表示动作直接涉及的对象。闭音节后接"을"，开音节后接"를"。

例如：
(1) 가: 무엇을 공부합니까? 　　　　　学习什么？
　　 나: 한국어를 공부합니다. 　　　　学韩国语。
(2) 가: 무엇을 먹습니까? 　　　　　　吃什么？
　　 나: 냉면을 먹습니다. 　　　　　　吃冷面。
(3) 가: 누구를 만납니까? 　　　　　　见谁？
　　 나: 친구를 만납니다. 　　　　　　见朋友。
(4) 저는 노래를 부릅니다. 　　　　　　我唱歌。
(5) 왕호 씨는 텔레비전을 봅니다. 　　王浩看电视。

4. N-에서

位格助词"에서"用于表示场所的名词后，表示动作进行的场所，类似于汉语的"在……做……"。

例如：
(1) 가: 어디에서 책을 읽습니까? 　　　　在哪里读书？
　　 나: 교실에서 책을 읽습니다. 　　　　在教室里读书。
(2) 가: 어디에서 삽니까? 　　　　　　　　在哪里买？
　　 나: 시장에서 삽니다. 　　　　　　　　在市场买。
(3) 저는 도서관에서 공부합니다. 　　　　我在图书馆学习。
(4) 김성민 씨는 식당에서 점심을 먹습니다. 　金成民在食堂吃午饭。

(5) 왕호 씨는 우체국에서 편지를 부칩니다.　　王浩在邮局寄信。

5. V·A-지 않다

惯用型"지 않다"接于谓词(动词和形容词)词干后，表示否定。

例如：

(1) V-지 않다

오늘 친구를 만나지 않습니다.　　今天不跟朋友见面。
우리는 쉬지 않습니다.　　我们不休息。
저는 일본어를 배우지 않습니다.　　我不学日语。
왕호 씨는 도서관에 가지 않습니다.　　王浩不去图书馆。

(2) A-지 않다

날씨가 덥지 않습니다.　　天气不热。
한국어가 쉽지 않습니다.　　韩国语不容易。
컴퓨터가 비싸지 않습니다.　　电脑不贵。
요즘 바쁘지 않습니까?　　最近不忙吗?

练 习

1. 다음 동사를 활용하세요. (将下列动词添加终结词尾)

동사	-ㅂ니다/습니다	-ㅂ니까/습니까
쓰다		
맛있다		
좋다		
괜찮다		
소개하다		
오다		
먹다		

제6과 어디에 갑니까?

2. _____ 안에 알맞은 문장을 써 넣으세요. (在横线上填入恰当的句子)

   A. 어디에 갑니까?
   (1) _____ (영화관)
   (2) _____ (화장실)
   (3) _____ (산)
   (4) _____ (우체국)

   B. 무엇을 합니까?
   (1) _____ (노래/하다)
   (2) _____ (일기/쓰다)
   (3) _____ (외국어/공부하다)
   (4) _____ (책/읽다)

   C. 어디에서 무엇을 합니까?
   (1) (영화관, 영화, 보다)

   (2) (교실, 한국어, 공부하다)

   (3) (운동장, 축구, 하다)

   (4) (집, 텔레비전, 보다)

3. 보기와 같이 연습하세요. (仿照例句做练习)

   <보기> 학교에 갑니다.
   → 학교에 가지 않습니다.

   (1) 날씨가 춥습니다.
   → _____
   (2) 왕호 씨, 오늘 바쁩니까?
   → _____
   (3) 저는 일본어를 공부합니다.
   → _____

(4) 집에서 쉽니다.

→ _____

4. ( ) 안에 알맞은 조사를 써 넣으세요. (选择适当的助词填空)

　　　　　은　　는　　을　　를　　에　　에서

(1) 제임스 씨(　　　) 교실(　　　) 갑니다.
(2) 저는 사과(　　　) 좋아하지 않습니다.
(3) 김성민(　　　) 집(　　　) 텔레비전(　　　) 봅니다.
(4) 형(　　　) 카메라(　　　) 삽니다.

5. 다음 문장을 중국어로 번역하세요. (将下列各句译成汉语)

(1) 성민 씨도 산에 갑니까?

(2) 왕호 씨는 기숙사에서 전화를 합니다.

(3) 동생은 영화를 보지 않습니다.

(4) 우리는 식당에서 밥을 먹습니다.

6. 다음 문장을 한국어로 번역하세요. (将下列各句译成韩语)

(1) 王浩现在去图书馆。

(2) 下午不去火车站吗?

(3) 金成民在市场买书包。

(4) 我在电影院和朋友见面。

课外阅读

 오늘 존슨과 왕호는 교보문고에 갑니다. 존슨은 한국 전통문화 관련 책을 사고 왕호는 한중-중한사전과 한국음악 음반을 삽니다. 두 사람은 종각의 <푸르지오> 카페에서 김빈 씨를 만납니다. 그리고 함께 동대문시장에 갑니다. 동대문쇼핑타운에서 이불과 커피잔을 삽니다. 동대문에는 상품 종류도 많고 값도 쌉니다. 그리고 디스카운트도 됩니다.

补充词汇

오다	[动]	来
예쁘다	[形]	漂亮, 美丽
크다	[形]	大
먹다	[动]	吃
앉다	[动]	坐
있다	[动]	有, 在
없다	[形]	没有, 不在
많다	[形]	多
좋다	[形]	好
춥다	[形]	冷
기차역 [汽車驛]	[名]	火车站
집	[名]	家
회사 [會社]	[名]	公司
노래방 [-房]	[名]	练歌房
냉면 [冷面]	[名]	冷面
누구	[代]	谁
부르다	[动]	唱, 叫, 喊
텔레비전 [television]	[外]	电视机
점심	[名]	中午; 午饭

你去哪儿?

우체국 [郵遞局]	[名]	邮局
편지 [便紙]	[名]	信
부치다	[动]	寄,邮
쉬다	[动]	休息
배우다	[动]	学习
날씨	[名]	天气
덥다	[形]	热
쉽다	[形]	容易
비싸다	[形]	贵
바쁘다	[形]	忙
해	[名]	年
달	[名]	月
맛있다	[形]	好吃
괜찮다	[形]	不错,还可以;没关系
소개하다 [紹介-]	[动]	介绍
영화관 [映畵館]	[名]	电影院
화장실 [化粧室]	[名]	洗手间,卫生间
외국어 [外國語]	[名]	外语
운동장 [運動場]	[名]	运动场,操场
축구 [蹴球]	[名]	足球
일본어 [日本語]	[名]	日语
사과	[名]	苹果
좋아하다	[动]	喜欢
기숙사 [寄宿舍]	[名]	宿舍
오늘	[名]	今天
교보문고 [敎保文庫]	[名]	教保文库(书店名)
전통문화 [傳統文化]	[名]	传统文化
관련 [關聯]	[名]	有关,关联
한중-중한사전 [韓中-中韓辭典]	[名]	韩中中韩辞典
음악 [音樂]	[名]	音乐
음반 [音盤]	[名]	音乐光盘,音乐磁带
종각 [鐘閣]	[名]	钟阁

제6과 어디에 갑니까?

카페 [café]	[外]	咖啡馆
함께	[副]	一起,一块儿
쇼핑타운 [shopping town]	[外]	购物城
이불	[名]	被子
커피잔 [coffee 盞]	[名]	咖啡杯
상품 [商品]	[名]	商品
종류 [種類]	[名]	种类
값	[名]	价钱,价值
싸다	[形]	便宜
그리고	[副]	并且,而且;然后
디스카운트 [discount]	[外]	打折,讲价

제7과 본문을 보세요.

第七课　请看课文。

重点语法
1. V-겠
2. V-(으)십시오
   V-(으)세요
3. N-의
4. V-(으)ㄹ까요?
5. V·A-(으)면
6. V-(으)ㅂ시다

课文

(1)

학생들: 안녕하세요? 선생님.
선생님: 안녕하세요? 여러분. 오늘은 제7과를 배우겠습니다. 자, 본문을 보세요. 그리고 따라 읽으세요.
학생 가: 선생님, 질문이 있습니다.
선생님: 질문하세요.
학생 가: 이 단어는 어떻게 읽습니까?

선생님:　이 단어는 '부산'이라고 읽습니다. 부산은 한국의 항구 도시입니다.
학생 가:　감사합니다.

(2)

가:　성민 씨, 해수욕장에 같이 갈까요?
나:　미안합니다. 오늘 약속이 있습니다.
가:　내일은 어떻습니까?
나:　내일은 시간이 있습니다. 날씨가 좋으면 우리 같이 갑시다.
가:　그럼 내일 오후 학교 정문 앞에서 만날까요?
나:　좋습니다. 내일 또 만납시다.

词汇

본문 [本文]	[名]	正文, 课文
따라 읽다	[动]	跟读
여러분	[代]	诸位, 大家
제7과 [第7課]	[名]	第7课
질문 [質問]	[名]	疑问, 问题
질문하다 [質問-]	[动]	提问
단어 [單語]	[名]	单词
어떻다	[形]	怎样
어떻게	[副]	怎样("어떻다+-게"的形式)
부산 [釜山]	[地名]	釜山
항구도시 [港口都市]	[名]	港口城市
해수욕장 [海水浴場]	[名]	海滨浴场
같이	[副]	一起
미안하다 [未安-]	[形]	对不起
약속 [約束]	[名]	约会
내일 [來日]	[名]	明天
시간 [時間]	[名]	时间
그럼	[副]	那么
오후 [午後]	[名]	下午

请看课문。

정문 [正門]	[名]	正门
앞	[名]	前面
또	[副]	再,又

语 法

1. V/A-겠

时制词尾"-겠"接于动词词干后面,表示将来,或说话者的意志,或对某一事情的推测,也可用于询问对方的意向、打算。

形式	含义	举例
1인칭-V/A-겠	未来	저는 내일 학교에 가겠습니다. 我明天去学校。
	意志	지금부터 열심히 공부하겠습니다. 从现在开始,我要努力学习。
2인칭-V/A-겠	意向	커피를 마시겠습니까? 要喝咖啡吗?
	推测	오늘 기분이 엄청 좋으시겠지요? 今天您心情一定很好吧?
3인칭-V/A-겠	推测	내일은 비가 오겠습니다. 明天会下雨。 이런 옷을 겨울에 입으면 예쁘겠다. 冬天穿这样的衣服一定很漂亮。

例如:

(1) 다음 주 고향에 돌아가겠습니다.　　下周我要回老家。
(2) 내일 산에 가겠습니다.　　明天去爬山。
(3) 무엇을 마시겠습니까?　　想喝点什么?
(4) 뭘 드시겠습니까? 설렁탕을 먹겠습니다.　想吃点什么? 我想吃杂烩汤。
(5) 저는 맥주를 마시겠습니다.　　我想喝啤酒。

제7과 본문을 보세요.

(6) 왕 선생님도 오셨겠습니다.　　　　王老师也来了吧。
(7) 커피숍에 가지 않겠습니다.　　　　我不去咖啡厅。

2. V-(으)십시오　尊敬阶命令型终结词尾
　 V-(으)세요　　口语式命令型终结词尾

命令型终结词尾"(으)십시오"和"(으)세요"接于动词词干后面，表示祈使、命令。前者语气比较正式、郑重，后者语气比较温和、委婉。"으십시오"和"으세요"接在闭音节之后，"십시오"和"세요"接在开音节之后。

例如：

(1) 어서 오십시오.　　　　　　　欢迎光临!（快请进。）
(2) 여기에 앉으십시오.　　　　　请坐这儿。
(3) 잠깐만 기다리십시오.　　　　请稍等。
(4) 한국어 책을 주십시오.　　　　请把韩语书给我吧。
(5) 칠판을 보십시오.　　　　　　请看黑板。
(6) 자기소개를 하십시오.　　　　请做一下自我介绍。

(1) 어서 오세요.　　　　　　　　欢迎光临!（快请进。）
(2) 여기에 앉으세요.　　　　　　请坐这儿。
(3) 잠깐만 기다리세요.　　　　　请稍等。
(4) 한국어 책 주세요.　　　　　　把韩语书给我吧。
(5) 칠판을 보세요.　　　　　　　请看黑板。
(6) 자기소개를 하세요.　　　　　自我介绍一下吧。

3. N-의

属格助词"의"接于体词后，表示某物属于谁。可译为"的"。

例如：

(1) 이것은 왕호 씨의 모자입니까?　　　这是王浩的帽子吗?
(2) 가: 이름은 뭡니까?　　　　　　　　你叫什么名字?
　　나: 제 이름은 이소라입니다.　　　　我的名字叫李素罗。
(3) 가: 이것은 누구(의) 사전입니까?　　这是谁的词典?
　　나: 김성민 씨의 사전입니다.　　　　金成民的词典。

请看课文。

4. V-(으)ㄹ까요?

终结词尾"-(으)ㄹ까요?",接于动词词干后,表示说话者提出建议,或听取对方的意见,带有商量或询问的语气。一般多用终结词尾"-(으)ㅂ시다"或"-(으)세요"来回答。"-ㄹ까요?"接在开音节之后,"을까요?"接在闭音节之后。

例如:

(1) 가: 집에 같이 갈까요?   一起回家吧?
    나: 네, 집에 갑시다.   好的,一起回家吧。

(2) 가: 같이 밥을 먹을까요?   一起吃饭怎么样?
    나: 네, 좋아요. 같이 밥을 먹읍시다.   好啊,一起吃吧。

(3) 가: 저녁에 전화할까요?   我晚上给你打电话吧?
    나: 아니요, 내일 아침에 하세요.   不,明天早上打吧。

(4) 가: 뭘 드릴까요?   请问您来点儿什么?
    나: 비빔밥을 주세요.   请来份拌饭。

5. V·A-(으)면

连接词尾"(으)면",接于谓词词干后,表示条件或假设,可译为"如果……的话"。"면"接在开音节及谓词词干末尾音节"ㄹ"之后,"으면"接在闭音节之后。

例如:

가다 → 가면   배우다 → 배우면
먹다 → 먹으면   읽다 → 읽으면
아프다 → 아프면   많다 → 많으면
좋다 → 좋으면   팔다 → 팔면

(1) 가: 배가 아파요.   肚子疼。
    나: 많이 아프면 병원에 가세요.   疼得厉害的话就去医院吧。

(2) 피곤하면 일찍 집에 가세요.   如果累了就早点回家吧。

(3) 시간이 있으면 같이 바다에 갈까요?   有时间的话一起去海边吧?

(4) 눈이 오면 가지 않겠습니다.   如果下雪的话就不去了。

(5) 졸업하면 한국 회사에 취직하고 싶어요.   毕业后想去韩国公司上班。

6. V-(으)ㅂ시다

共动型终结词尾"(으)ㅂ시다"接于动词词干后面,表示共动,邀请对方一起行动。类似于汉语的"一起……吧"。"ㅂ시다"接在开音节及以"ㄹ"为结尾的闭音节后面,"읍시다"接在闭音节后面。

例如:
(1) 가: 내일 저녁에 극장에 같이 갑시다.　　明晚一起去剧院吧。
　　 나: 좋습니다. 몇 시에 만날까요?　　　　好啊,几点钟见啊?
(2) 가: 우리 커피 한 잔 마십시다.　　　　　　我们喝杯咖啡吧。
　　 나: 제가 사겠습니다.　　　　　　　　　 我请客。
(3) 가: 우리 여행을 갑시다.　　　　　　　　　我们去旅行吧。
　　 나: 좋습니다. 같이 바다에 갑시다.　　　 好的,一起去海边玩吧。
(4) 가: 안녕히 계십시오.　　　　　　　　　　再见!
　　 나: 내일 또 만납시다.　　　　　　　　　明天见!

练 习

1. 보기와 같이 다음 표를 채워 보세요. (仿照例子填写下表。)

	陈述	疑问	命令	共动
보다	봅니다	봅니까	보십시오	봅시다
돌아가다				
찾다				
기다리다				
읽다				
시작하다				
부르다				
웃다				

2. 보기와 같이 '-(으)십시오/-(으)세요'를 이용하여 연습하세요. (仿照例句用"-(으)십시오/-(으)세요"做练习)

<보기> 가: 옷을 삽니다.
　　　나: 시장에 가십시오. (가세요.)

(1) 가: 책을 읽습니다.
　　나: _____ (도서관)
(2) 가: 영화를 봅니다.
　　나: _____ (영화관)
(3) 가: 여행을 합니다.
　　나: _____ (베이징)
(4) 가: 책을 삽니다.
　　나: _____ (서점)

3. 보기와 같이 '-(으)ㅂ시다'를 이용하여 연습하세요. (仿照例句用"-(으)ㅂ시다"做练习)

<보기> 가: 집에 같이 갈까요?
　　　나: 네, 같이 갑시다. (가다)

(1) 가: 내일 어디에서 만날까요?
　　나: _____ (학교 앞, 만나다)
(2) 가: 우리 결혼할까요?
　　나: 네, 좋아요. _____ (결혼하다)
(3) 가: 버스를 탈까요?
　　나: 네, 좋습니다. _____ (타다)
(4) 가: 날씨가 좋으니까 야구를 할까요?
　　나: 네, 좋습니다. _____ (야구를 하다)

제7과 본문을 보세요.

4. 보기와 같이 문장을 지어 보세요. (仿照例子连词成句)

<보기> (커피, 저, 마시다, 겠)
→ 저는 커피를 마시겠습니다.

(1) (비, 겠, 오늘, 오다)
→ _____

(2) (영화관 앞, 친구, 만나다, 겠)
→ _____

(3) (학교, 내일, 겠, 가지 않다)
→ _____

(4) (왕호 씨, 무엇, 드시다)
→ _____

5. 연결어미 '-(으)면'으로 다음 문장을 연결하세요. (用"-(으)면"连接下列句子)

<보기> 많이 아픕니다. 병원에 가세요.
→ 많이 아프면 병원에 가세요

(1) 시간이 없습니다. 택시를 탑시다.
→ _____

(2) 선생님이 갑니다. 저도 가겠습니다.
→ _____

(3) 날씨가 춥습니다. 바다에 가지 않겠습니다.
→ _____

(4) 일본어가 재미있습니다. 배우겠습니다.
→ _____

6. 다음 문장을 중국어로 번역하세요. (将下列各句译成汉语)

(1) 점심에는 무엇을 먹을까요?

(2) 선생님 들어오십시오. 여기에 앉으세요.

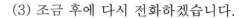

请看课文。

　　(3) 조금 후에 다시 전화하겠습니다.

7. 다음 문장을 한국어로 번역하세요. (将下列各句译成韩语)

　　(1) 请把那本《韩中词典》给我吧。

　　(2) 明年我要去美国留学。

　　(3) 如果天气不冷的话我们去爬山吧。

课外阅读

　　내일은 토요일입니다. 토요일과 일요일은 쉽니다. 보통 토요일에 친구를 만나고 영화도 봅니다. 내일은 <또 만나> 카페에서 친구를 만납니다. 그리고 친구와 종로의 시네마 천국에서 영화 <집으로>를 관람합니다. 어떤 때는 친구들과 등산을 가거나 운동을 합니다. 일요일에는 빨래도 하고 어머니을 도와 청소도 합니다. 가족들과 맛있는 요리도 만듭니다. 저는 물만두를 좋아합니다. 그러나 사 먹지 않고 만들어 먹습니다. 주말에는 가족들과 가끔 외식도 합니다.

补充词汇

다음 주 [-週]	[词组]	下周
돌아가다	[动]	回去
산 [山]	[名]	山

설렁탕 [-湯]	[名]	杂烩汤
맥주 [麥酒]	[名]	啤酒
마시다	[动]	喝
커피숍 [coffee shop]	[外]	咖啡厅
잠깐만	[副]	一会儿，片刻
기다리다	[动]	等待
주다	[动]	给
칠판 [漆板]	[名]	黑板
자기소개 [自己紹介]	[名]	自我介绍
모자 [帽子]	[名]	帽子
사전 [辭典]	[名]	字典，词典
저녁	[名]	傍晚，晚饭
아침	[名]	早晨，早饭
전화하다 [電話-]	[动]	打电话
드리다	[动]	给
비빔밥	[名]	拌饭
많이	[副]	多
아프다	[形]	疼痛，不舒服
병원 [病院]	[名]	医院
피곤하다 [疲困-]	[形]	疲惫，疲倦
졸업하다 [卒業-]	[动]	毕业
취직하다 [就織]	[动]	就职，工作
바다	[名]	大海
극장 [劇場]	[名]	剧院
여행 [旅行]	[名]	旅行
찾다	[动]	找，取
시작하다 [始作-]	[动]	开始
웃다	[动]	笑
옷	[名]	衣服
결혼하다 [結婚-]	[动]	结婚
버스 [bus]	[外]	公共汽车
타다	[动]	乘，坐

请看课文。

야구 [野球]	[名]	棒球
들어오다	[动]	进来
시네마 [cinema]	[外]	电影
물만두	[名]	水饺
가끔	[副]	偶尔
외식 [外食]	[名]	在外面吃饭

제7과 본문을 보세요.

제8과 사무실이 몇 층에 있습니까?

第八课 请问办公室在几楼?

重点语法
1. 숫자 세기 (汉字数词)
2. V·A-아/어/여요
3. N-이/가……N-에 있다
4. V-아/어/여서
5. N-와/과-N
6. V-고 싶다

课文

(1)

가: 실례합니다. 여기가 '행복 여행사' 입니까?
나: 네, 그렇습니다.
가: 사무실이 몇 층에 있습니까?
나: 2층에 있습니다.
가: 이 건물에 식당도 있습니까?
나: 아니요, 식당은 없습니다. 앞 건물에 있습니다.
가: 네, 고맙습니다. 그런데, 주차장은 어디에 있습니까?

나: 지하 1층에 있습니다.
가: 감사합니다.

(2)

가: 안녕하세요? 성민 씨는 도서관에 자주 옵니까?
나: 네, 우리 집이 학교 근처에 있어요. 그래서 저는 매일 도서관에 와요.
가: 저도 매일 도서관에 와서 책과 잡지를 읽어요. 도서관에 잡지와 책이 굉장히 많아요.
나: 신문은 어디에 있어요? 신문을 읽고 싶어요.
가: 신문은 5층에 있습니다. 여러 가지 신문이 있습니다.
나: 여기에 복사기도 있습니까?
가: 네, 있어요.

词汇

사무실 [事務室]	[名]	办公室
몇	[代]	几
층 [層]	[名]	层
실례하다 [失禮-]	[动]	失礼,打扰
행복 [幸福]	[名]	幸福
여기	[代]	这里
여행사 [旅行社]	[名]	旅行社
맞다	[动]	对,正确
건물 [建物]	[名]	建筑物
고맙다	[形]	感谢
그런데	[副]	然而,可是
주차장 [駐車場]	[名]	停车场
지하 [地下]	[名]	地下
근처 [近處]	[名]	附近
그래서	[副]	因而,所以

잡지 [雜志]	[名]	杂志
굉장히 [宏壯-]	[副]	相当,非常
많다	[形]	多
신문 [新聞]	[名]	报纸
여러	[冠]	许多
가지	[名]	种类
복사기 [複寫器]	[名]	复印机

语法

1. 숫자 세기（汉字数词）

韩国语数词包含汉字数词和固有数词两个体系。根据后面使用的量词的种类,选择使用固有词或汉字词。100以上的数字一般用汉字数词表示。

例如：

1	일	2	이	3	삼	4	사	5	오
6	육	7	칠	8	팔	9	구	10	십
11	십일	12	십이	13	십삼	20	이십	30	삼십
40	사십	50	오십	60	육십	70	칠십	80	팔십
90	구십	100	백	1000	천	10,000	만	100,000	십만

又如：

25	이십오	48	사십팔	136	백삼십육
2980	이천구백팔십	130,000	십삼만	701,459	칠십만천사백오십구

2. V·A-아/어/여요

用于谓词词干后,表示尊敬语气的终结词尾。"ㅂ니다/습니다"通常用于比较正式的场合,语气郑重、尊敬。在非正式的场合和日常生活中,常用"아/어/여요",语气亲切、温和。

（1）词干末尾元音为"ㅏ""ㅑ""ㅗ""ㅛ"时,接"아요"。

例如：

가다: 가 – 아요 → 가아요 → 가요

보다: 보 – 아요 → 보아요 → 봐요

좋다: 좋 – 아요 → 좋아요

살다: 살 – 아요 → 살아요

(2) 词干末尾元音为"ㅓ""ㅕ""ㅜ""ㅠ""ㅡ""ㅣ"时，接"어요"。

例如：

먹다:　　먹 – 어요 → 먹어요

배우다:　배우 – 어요 → 배우어요 → 배워요

마시다:　마시 – 어요 → 마시어요 → 마셔요

(3) 以"하다"结尾的谓词后接"여요"，通常略为"해요"。

例如：

하다:　　하 – 여요 → 하여요 → 해요

소개하다:　소개하 – 여요 → 소개하여요 → 소개해요

필요하다:　필요하 – 여요 → 필요하여요 → 필요해요

(4) 与体词连接时，接"이에요/예요"。体词的末音为开音节时，接"예요"，体词的末音为闭音节时，接"이에요"。

例如：

학생:　　학생 – 이에요 → 학생이에요

학교:　　학교 – 예요 → 학교예요

기본형	어간	-아/어/여요, 예요/이에요
오다	오	와요
만나다	만나	만나요
많다	많	많아요
있다	있	있어요
없다	없	없어요
기다리다	기다리	기다려요
쓰다	쓰	써요
보내다	보내	보내요

공부하다	공부하	공부해요
전화하다	전화하	전화해요
동생이다	동생이	동생이에요
누나이다	누나이	누나예요

(1) 시장에서 과일을 사요.　　　　在市场买水果。
(2) 이 영화가 괜찮아요.　　　　　这部电影还不错。
(3) 저는 집에서 쉬어요.　　　　　我在家里休息。
(4) 오늘 날씨가 더워요.　　　　　今天天气很热。
(5) 왕호 씨는 불고기를 먹어요.　　王浩吃烤肉。
　　나는 비빔밥을 먹어요.　　　　我吃拌饭。
(6) 저는 봄을 좋아해요.　　　　　我喜欢春天。
(7) 나는 일학년 학생이에요.　　　我是一年级学生。
(8) 나와 왕호는 친구예요.　　　　我和王浩是朋友。

3. N-이/가 ……N-에 있다

用于表示场所或位置的名词后，表示事物存在的场所或位置。

例如：

(1) 가: 화장실이 어디에 있습니까?　　卫生间在哪里?
　　나: 앞에 있습니다.　　　　　　　就在前面。
(2) 가: 고양이가 어디에 있습니까?　　小猫在哪里?
　　나: 침대 밑에 있습니다.　　　　 在床底下。
(3) 가: 성민 씨 집이 어디에 있어요?　成民, 你家在什么地方?
　　나: 삼청동에 있어요.　　　　　　在三清洞。
(4) 가: 지갑 안에 뭐가 있어요?　　　钱包里面有什么?
　　나: 학생증이 있어요.　　　　　　有学生证。
(5) 가: 침실에 뭐가 있어요?　　　　 卧室里有什么?
　　나: 침실에는 침대가 있어요.　　 卧室里有张床。

4. V-아/어/여서

连接词尾"아/어/여서"接于动词词干后,表示两个动作紧密相连。此时,两个动作的主语必须一致。"아서"接在词干末尾元音为"ㅏ""ㅑ""ㅗ""ㅛ"的音节后面,"어서"接在词干末尾元音为"ㅓ""ㅕ""ㅜ""ㅠ""ㅡ""ㅣ"的音节后面,"여서"接在"하다"及以"하다"结尾的动词后面。

例如:
> 교실에 갑니다. → 공부를 합니다.
> → 교실에 가서 공부를 합니다.

(1) 학생 식당에 가서 점심을 먹어요.   我去学生食堂吃午饭。
(2) 아침 일곱 시에 일어나서 세수합니다.   早上7点起床洗漱。
(3) 친구를 만나서 이야기를 했어요.   和朋友见面聊天了。
(4) 날씨가 좋으면 밖에 나가서 그림을 그려요.   如果天气好,我就出去画画。
(5) 가: 감기에 걸렸어요.   我感冒了。
  나: 그러면 병원에 가서 의사를 만나 보세요.   那去医院看看大夫吧。

5. N-와/과-N

与格助词"과/와"接于体词后面,表示并列、列举,意为"和、与、同、跟"等。闭音节后加"과",开音节后加"와"。常与"같이/함께"一起连用,可译为"和……一起"。

例如:
기차와 비행기   火车和飞机   봄과 여름   春天和夏天
축구와 배구   足球和排球   산과 바다   高山和大海

(1) 가: 누가 갑니까?   谁去?
  나: 이소라와 왕호가 갑니다.   李素罗和王浩去。
(2) 책상 위에 책과 만년필이 있습니다.   书桌上有书和钢笔。
(3) 김성민과 함께 농구를 합니다.   和金成民一起打篮球。
(4) 저는 왕호 씨와 같이 다방에 갑니다.   我和王浩一起去茶馆。

6. V-고 싶다

惯用型"-고 싶다"接于动词词干后面,表示说话者的愿望、意图。类似于汉语的

"想……"。

例如：
(1) 가: 무엇을 하고 싶습니까?   你想干什么？
　　나: 불고기를 먹고 싶습니다.   我想吃烤肉。
(2) 가: 어디에 가고 싶습니까?   你想去哪里？
　　나: 설악산에 가고 싶습니다.   我想去雪岳山。
(3) 가: 지금 영화를 보고 싶습니까?   你现在想看电影吗？
　　나: 네, 영화를 보고 싶습니다.   是的，想看电影。
(4) 기회가 있으면 해외여행을 가고 싶습니다.   有机会的话想去海外旅行。
(5) 저는 베이징에서 살고 싶지 않아요.   我不想住在北京。

练 习

1. **다음 숫자를 한자어로 쓰고 읽으세요.** （用汉字词读写下列数字。）

　　(1) 9 _____　　(2) 35 _____
　　(3) 146 _____　　(4) 2008 _____
　　(5) 9,351 _____　　(6) 41,080 _____
　　(7) 230,567 _____　　(8) 8,913,500 _____

2. **다음 질문에 대답해 보세요.** （回答下列问题。）

　　(1) 한국어 교실이 몇 층에 있어요?
　　_____

　　(2) 학교 도서관이 어디에 있어요?
　　_____

　　(3) 기숙사 안에 무엇이 있어요?
　　_____

　　(4) 옆에 친구 책상 위에 무엇이 있어요?
　　_____

请问办公室在几楼？

3. 밑줄친 부분에 '-와/과'를 이용하여 문장을 완성하세요. (在横线上填入恰当的内容，用"-와/과"连接完成句子)

   (1) 나는 시장에 갑니다. 시장에서 _____ 삽니다.
   (2) 왕호 씨는 동물을 좋아합니다. _____ 아주 좋아합니다.
   (3) 나는 요즘 _____ 공부합니다.
   (4) 내일 _____ 우리 집에 옵니다.

4. 보기와 같이 연습하세요. (仿照例子做练习)

   <보기> 가: 오늘 저녁에 뭘 먹고 싶어요?
          나: 비빔밥 먹고 싶어요.

   (1) 가: 어디에 여행가고 싶어요?
       나: _____
   (2) 가: 대학교에서 무엇을 배우고 싶어요?
       나: _____
   (3) 가: 무슨 선물을 받고 싶어요?
       나: _____
   (4) 가: 앞으로 무슨 일을 하고 싶어요?
       나: _____

5. 아래의 단어를 이용해서 문장을 완성하세요. (用下列单词完成句子)

   가다   오다   먹다   서다

   나는 아침 일찍 도서관에 (   ) 공부를 합니다. 그리고 점심 시간에 식당에 (   ) 줄을 (   ) 기다립니다. 점심을 (   ) 친구와 같이 커피숍에 (   ) 이야기를 합니다. 오후에 다시 도서관에 (   ) 신문과 잡지를 읽습니다.

제8과 사무실이 몇 층에 있습니까?

6. 아래 글의 종결어미를 '-아/어/여요'로 바꾸세요. （将下列短文的终结词尾变为"-아/어/여요"形式）

책상 위에 책과 사전이 있습니다. 그리고 핸드폰도 있습니다. 이 핸드폰은 모양도 예쁘고 기능도 많고 통화의 질도 좋습니다. 그래서 값도 좀 비쌉니다. 한 대에 45만원입니다. 이것은 아버지의 새 핸드폰입니다.

7. 다음 문장을 중국어로 번역하세요. (将下列各句译成汉语)

(1) 양식은 먹고 싶지 않아요. 한식을 먹읍시다.

(2) 아가씨, 여기 비빔밥하고 불고기를 주세요.

(3) 우체국은 바로 상업은행 옆에 있어요.

(4) 박 선생님이 안 계십니다. 우리 밖에 나가서 기다립시다.

8. 다음 문장을 한국어로 번역하세요. (将下列各句译成韩语)

(1) 二楼有卧室，也有洗手间。

(2) 我想买条牛仔裤。

(3) 詹姆斯每天都去商店买东西。

(4) 今天晚上和朋友一起去练歌房。

课外阅读

　　도서관은 대학 본부 오른쪽에 있습니다. 5층으로 된 붉은 색 건물입니다. 지하 2층, 지상 3층입니다. 사회인문계열 도서는 1층에 있습니다. 1층에는 도서관 사무실, 도서 정리실, 대출대, 검색대, 복사실 등이 있습니다. 2층에는 자연과 이공계열 자료, 정기 간행물과 신문 등이 있습니다. 그리고 옛날 자료의 복사본이나 영인본들이 있습니다. 3층에는 멀티미디어자료실, 영상실, 전산실 등이 있습니다. 서고는 지하에 있습니다. 오래된 책이나 자료들이 주로 서고에 들어 있습니다. 그리고 지하 1층에는 학위논문실과 개가자료실이 있습니다. 지하 2층에는 휴게실, 매점과 열람실이 있습니다. 화장실과 복사기는 매층마다 있습니다. 그래서 아주 편리합니다.

补充词汇

살다	[动]	生活,居住
필요하다 [必要-]	[形]	需要
보내다	[动]	寄,送,派
과일	[名]	水果
불고기	[名]	烤肉
고양이	[名]	猫
침대 [寢臺]	[名]	床
밑	[名]	下面
삼청동 [三淸洞]	[地名]	三清洞
지갑	[名]	钱包
안	[名]	里面
학생증 [學生證]	[名]	学生证
침실 [寢室]	[名]	寝室,卧室
세수하다 [洗手-]	[动]	洗脸,洗漱
밖	[名]	外面

제8과 사무실이 몇 층에 있습니까?

그림	[名]	图画
그리다	[动]	画
감기 [感氣]에 걸리다	[词组]	患感冒
비행기 [飛行機]	[名]	飞机
여름	[名]	夏天
배구	[名]	排球
농구 [籠球]	[名]	篮球
다방 [茶房]	[名]	茶馆
설악산 [雪岳山]	[名]	雪岳山
기회 [機會]	[名]	机会
해외여행 [海外旅行]	[名]	海外旅行
옆	[名]	旁边
동물 [動物]	[名]	动物
아주	[副]	非常
무슨	[冠]	什么
선물 [膳物]	[名]	礼物
받다	[动]	收,接受
되다	[动]	成为,可以
줄	[名]	行,列;绳子
서다	[动]	站
모양 [模樣]	[名]	模样,样子
기능 [機能]	[名]	功能
통화 [通話]	[名]	通话
질 [質]	[名]	质量
대 [臺]	[名]	台,辆
새	[冠]	新,新的
본부 [本部]	[名]	本部,总部
붉다	[形]	红色
지상 [地上]	[名]	地上
도서관 [圖書館]	[名]	图书馆
도서 [圖書]	[名]	图书
사회인문계열 [社會人文系列]	[名]	社会人文系列
정리실 [整理室]	[名]	整理室

请问办公室在几楼?

대출대 [貸出臺]	[名]	借书台
검색대 [檢索臺]	[名]	检索台
복사실 [複寫室]	[名]	复印室
자연 [自然]	[名]	自然
이공 [理工]	[名]	理工
자료 [資料]	[名]	资料
정기 [定期]	[名]	定期
간행물 [刊行物]	[名]	刊物
복사본 [複寫本]	[名]	复印本
영인본 [影印本]	[名]	影印本
멀티미디어 [multimedia]	[外]	多媒体
영상실 [映像室]	[名]	放映室
전산실 [電算室]	[名]	计算机室,电子阅览室
서고 [書庫]	[名]	书库
학위논문실 [學位論文室]	[名]	学位论文室
개가자료실 [開架資料室]	[名]	开架阅览室
휴게실 [休憩室]	[名]	休息室
매점 [賣店]	[名]	商店,小卖店
열람실 [閱覽室]	[名]	阅览室
편리하다 [便利-]	[形]	方便,便利

제8과 사무실이 몇 층에 있습니까?

제9과 어제 무엇을 했어요?
第九课 昨天做什么了?

重点语法
1. V·A-았/었/였
2. N(时间)-에
3. V·A-지요?
4. 어떤-N
5. V·A-고
6. V-고 나서

课文

(1)

가: 왕호 씨, 어제 무엇을 했어요?

나: 집에서 책을 읽었어요. 그리고 오후에는 운동했어요. 성민 씨는요?

가: 저는 중학교 때 친구를 만났어요.

나: 친구와 무엇을 했어요?

가: 영화도 보고 얘기도 많이 했어요.

나: 내일은 일요일이지요?

가: 네, 맞아요.

昨天做什么了？

나: 내일 함께 산에 갑시다.
가: 안 됩니다. 다음 주 월요일에 한국어 시험이 있어요.
나: 아, 정말이에요?

(2)

가: 어제 뭘 했어요?
나: 친구하고 경복궁에 갔어요.
가: 경복궁은 어떤 곳이에요?
나: 옛날 한국 왕의 집이에요. 아주 크고 멋있었어요. 사진도 많이 찍었어요.
가: 경복궁을 구경하고 나서 무엇을 했어요?
나: 근처 식당에서 불고기를 먹었어요.
가: 나도 가보고 싶어요. 그런데 경복궁은 어디에 있어요?
나: 광화문에 있어요. 여기에서 30분 정도 걸려요. 성민 씨는 어제 뭘 했어요?
가: 사유리 씨하고 놀이공원에 갔어요.
나: 와! 재미있었어요?
가: 네, 정말 재미있었어요.

词汇

어제	[名]	昨天
운동하다 [運動-]	[动]	运动
중학교 [中學校]	[名]	初中
때	[名]	时候
영화 [映畵]	[名]	电影
보다	[动]	看
얘기	[名]	话语；故事
일요일 [日曜日]	[名]	星期天
월요일 [月曜日]	[名]	星期一

제9과 **어제 무엇을 했어요?**

시험 [試驗]	[名]	考试
정말	[副]	真的,果真,确实
경복궁 [景福宮]	[名]	景福宫
어떤	[冠]	怎样的
곳	[名]	地方
옛날	[名]	以前,古时候
왕 [王]	[名]	王
멋있다	[形]	帅,潇洒,有魅力
구경하다 [求景-]	[动]	观看,浏览
사진 [寫眞]	[名]	照片
사진 [寫眞]을 찍다	[词组]	拍照
나	[代]	我
광화문 [光化門]	[名]	光化门
걸리다	[动]	花费(时间)
놀이	[名]	游戏
공원 [公園]	[名]	公园

语 法

1. V·A-았/었/였

时制词尾"았/었/였"接于谓词词干后,表示过去的动作或状态。

（1）词干末尾元音为"ㅏ""ㅑ""ㅗ""ㅛ"时,接"았습니다/았어요"。

例如:

가다: 가 - 았습니다 → 가았습니다 → 갔습니다.

보다: 보 - 았습니다 → 보았습니다 → 봤습니다.

좋다: 좋 - 았습니다 → 좋았습니다.

살다: 살 - 았습니다 → 살았습니다.

(2) 词干末尾元音为"ㅓ""ㅕ""ㅜ""ㅠ""ㅡ""ㅣ"时,接"었습니다/었어요"。

例如:

먹다:　　　　먹 - 었습니다 → 먹었습니다.
배우다:　　　배우 - 었습니다 → 배우었습니다 →배웠습니다.
마시다:　　　마시 - 었습니다 → 마시었습니다 →마셨습니다.
일요일이다:　일요일이 - 었습니다 → 일요일이었습니다.

(3) 以"하다"结尾的谓词后接"였습니다/였어요",通常缩略为"했습니다/했어요"。

例如:

하다:　　　　하 - 였습니다 →하였습니다 →했습니다.
소개하다:　　소개하 - 였습니다 →소개하였습니다 →소개했습니다.
필요하다:　　필요하 - 였습니다 →필요하였습니다 →필요했습니다.

기본형	어간	-았/었/였습니다	-았/었/였어요
오다	오	왔습니다	왔어요
만나다	만나	만났습니다	만났어요
많다	많	많았습니다	많았어요
있다	있	있었습니다	있었어요
없다	없	없었습니다	없었어요
기다리다	기다리	기다렸습니다	기다렸어요
쓰다	쓰	썼습니다	썼어요
보내다	보내	보냈습니다	보냈어요
공부하다	공부하	공부했습니다	공부했어요
전화하다	전화하	전화했습니다	전화했어요

2. N(时间)-에

助词"에"接于时间名词后,表示"在……时候"。

(1) 우리는 아침 7시에 학교에 갑니다.　　　我们早上7点去学校。
(2) 왕호 씨는 보통 밤 11시에 잠을 잡니다.　王浩一般晚上11点睡觉。
(3) 저는 내일 오후에 친구를 만납니다.　　　我明天下午见朋友。
(4) 저는 1990년 8월에 태어났습니다.　　　　我1990年8月出生。
(5) 김성민 씨는 주말에 편지를 씁니다.　　　金成民周末写信。

3. V·A-지요?

终结词尾"지요"接于谓词词干及体词后面,表示对已知内容进行确认。类似于汉语的"……吧"。

例如:
(1) 오늘은 날씨가 참 좋지요?　　　　　今天天气很不错吧?
(2) 한국어 공부는 정말 어렵지요?　　　韩国语很难吧?
(3) 성민 씨는 영어도 잘 하지요?　　　　成民,你的英语也说得很好吧?
(4) 저기가 식당이지요?　　　　　　　　那里是食堂吧?
(5) 왕호 씨는 중국 사람이지요?　　　　王浩是中国人吧?
(6) 이소라 씨는 미인이지요?　　　　　　李素罗是个美女吧?

4. 어떤-N

用于对人或事物的特征、内容、状态、性质等进行询问。类似于汉语的"怎么样的……""什么样的……"。

(1) 야마다 씨는 어떤 사람입니까?　　　山田是个什么样的人?
(2) 이 책은 어떤 책입니까?　　　　　　这本书是什么样的书?
(3) 성민 씨는 어떤 날씨를 좋아해요?　　成民你喜欢什么样的天气?
(4) 가: 원피스를 사고 싶어요.　　　　　我想买件连衣裙。
　　나: 어떤 스타일을 찾습니까?　　　　您想要什么样的款式呢?

5. V·A-고

连接词尾"고"接于谓词后面,表示并列。

(1) 일찍 자다 - 일찍 일어나다
　　→ 일찍 자고 일찍 일어납니다.　　　早睡早起。
(2) 나는 화사에 가다 - 유강은 우체국에 가다
　　→ 나는 화사에 가고 유강은 우체국에 갑니다. 我去公司,刘强去邮局。
(3) 여름에 비가 오다 - 겨울에 눈이 오다
　　→ 여름에 비가 오고 겨울에 눈이 옵니다.　夏天下雨,冬天下雪。

昨天做什么了？

(4) 이소라는 예쁘다 – 이소라는 친절하다
　　→ 이소라는 예쁘고 친절합니다.　　　　李素罗很漂亮，也很亲切。

6. V-고 나서

口语惯用型"-고 나서"接于动词词干后面，表示做完某动作后，接着进行另一动作。类似于汉语的"……之后……"。

例如：

| 신문을 보다 – 아침을 먹다 |
| → 신문을 보고 나서 아침을 먹어요.　　看完报纸后吃早餐。 |

(1) 가: 점심 먹고 나서 무엇을 해요?　　　　吃完午饭做什么？
　　나: 점심 먹고 나서 도서관에 가요.　　　吃完午饭后去图书馆。
(2) 가: 어제 운동하고 나서 무엇을 했어요?　昨天做完运动后做什么了？
　　나: 운동하고 나서 샤워를 했어요.　　　做完运动后冲澡了。
(3) 가: 친구를 만나고 나서 무엇을 했어요?　和朋友见面后做什么了？
　　나: 친구를 만나고 나서 PC방에 갔어요.　和朋友见面后又去网吧了。
(4) 숙제를 하고 나서 일기를 씁니다.　　　　做完作业后写日记。
(5) 영화를 보고 나서 이야기했어요.　　　　看完电影后聊天了。

练 习

1. 보기와 같이 쓰세요. (仿照例子写出句子)

| <보기> 밥을 먹다 |
| 　　　　→ 밥을 먹었습니다. 밥을 먹었어요. |

(1) 지하철을 타다
　　→ _____

(2) 재미있다
　　→ _____

제9과 어제 무엇을 했어요?　　75

(3) 교실에 없다
  → _____

(4) 친구가 많다
  → _____

(5) 비가 오다
  → _____

2. 보기와 같이 문장을 바꾸세요. （仿照例句转换句型）

<보기> 오늘 학교에 갑니다.
   → 어제 학교에 갔습니다.
   → 내일 학교에 가겠습니다.

(1) 오늘 우리는 설악산에 갑니다.
  → 어제 _____
(2) 지금 잡지를 봅니다.
  → 다음 주에 _____
(3) 수영을 배웁니다.
  → 지난 달에 _____
(4) 옛친구를 만납니다.
  → 어제 _____

3. 보기와 같이 다음 대화를 완성하세요. （仿照例句完成下列对话）

<보기> 가: 어제 뭘 했어요?
   나: 친구를 만났어요.

(1) 가: 어제 무엇을 했어요?
   나: _____
(2) 가: 언제 그 영화 보았습니까?
   나: _____
(3) 가: 오늘 아침에 뭘 했어요?
   나: _____

昨天做什么了?

　　(4) 가: 성민 씨, 어제 일찍 일어났습니까?
　　　　나: 네, _____

　　(5) 가: 제임스 씨는 동대문시장에서 뭘 샀어요?
　　　　나: _____

4. 보기와 같이 '-고'로 다음 문장을 연결하세요. (用"-고"连接下列句子)

> <보기> 여름에는 비가 많이 옵니다. 겨울에는 눈이 많이 옵니다.
> 　　　→ 여름에는 비가 많이 오고 겨울에는 눈이 많이 옵니다.

(1) 형은 숙제를 합니다. 동생은 텔레비전을 봅니다.
　　→ _____

(2) 물건이 쌉니다. 좋습니다.
　　→ _____

(3) 이 분은 박 선생님입니다. 저 분은 김 선생님입니다.
　　→ _____

(4) 죤슨 씨는 불고기를 먹습니다. 왕호 씨는 냉면을 먹습니다.
　　→ _____

5. 보기와 같이 다음 대화를 완성하세요. (仿照例句完成下列对话)

> <보기> 가: 날씨가 좋지요?
> 　　　　나: 예, 날씨가 참 좋아요.

(1) 가: 장미꽃이 참 _____
　　나: 예, 장미꽃이 참 예쁩니다.

(2) 가: 소라 씨는 갈비를 _____
　　나: 예, 갈비를 좋아합니다.

(3) 가: _____
　　나: 아니요, 별로 어렵지 않아요.

(4) 가: _____
　　나: 네, 저희 전공은 한국어입니다.

제9과 어제 무엇을 했어요?

6. '-고 나서'를 가지고 자신의 하루 일과를 이야기해 보세요. (运用"-고 나서"谈谈自己一天的作息活动)

_____
_____
_____

7. 다음 문장을 중국어로 번역하세요. (将下列各句译成汉语)

(1) 공연이 어땠어요? 재미있었지요?

(2) 어제 이소라 씨의 생일 파티에 갔어요.

(3) 김성민 씨는 집을 청소합니다. 제임스 씨는 빨래를 합니다.

(4) 대학을 졸업하고 나서 무엇을 할 예정입니까?

8. 다음 문장을 한국어로 번역하세요. (将下列各句译成韩语)

(1) 昨天在剧院见到朋友了吗?

(2) 金社长是个什么样的人?

(3) 我们昨天做完作业去唱歌了。

(4) 韩国料理很好吃吧? 是啊,可是有点辣。

昨天做什么了？

课外阅读

　　어제는 비엔나 왕실 음악단의 방한 공연이 있었습니다. 저는 이케다와 함께 세종문화회관에서 열린 음악회에 갔습니다. 이 음악단은 아주 유명하지만 그들의 공연은 처음 봤습니다. 공연은 정말 좋았습니다. 특히 세계적인 세 테너의 노래는 정말 훌륭했습니다. 공연을 보고 나서 저도 노래를 부르고 싶었습니다. 서양 음악은 동양 음악과 다릅니다. 서양 음악회는 감상할 때에 앉아서 조용히 경청합니다. 그러나 한국의 판소리 등 동양 음악회는 감상하면서 출연자와 시청자가 하나가 됩니다. 공연을 보면서 함께 장단을 맞추거나 합니다.

补充词汇

밤	[名]	夜晚
잠	[名]	觉, 睡眠
자다	[动]	睡觉
태어나다	[动]	出生
어렵다	[形]	困难
미인 [美人]	[名]	美人
원피스 [one-piece]	[名]	连衣裙
스타일 [style]	[名]	款式
일찍	[副]	早
일어나다	[动]	起床
겨울	[名]	冬天
친절하다 [親切-]	[形]	亲切
샤워하다 [shower-]	[动]	淋浴, 洗澡
PC방 [PC房]	[名]	网吧
숙제 [宿題]	[名]	作业
이야기하다	[动]	说话, 讲故事
지하철 [地下鐵]	[名]	地铁
수영하다 [水泳-]	[动]	游泳

제9과 어제 무엇을 했어요?

옛친구 [親舊]	[名]	老朋友
동대문시장 [東大門市場]	[名]	东大门市场
갈비	[名]	排骨
별로 [別-]	[副]	不怎么,不太
파티 [party]	[外]	聚会
청소하다 [清掃-]	[动]	清扫,扫除
빨래하다	[动]	洗衣服
예정 [豫定]	[名]	计划,打算
왕실 [王室]	[名]	王室,皇室
음악단 [音樂團]	[名]	音乐团
공연 [公演]	[名]	公演
방한 [訪韓]	[名]	访问韩国
세종문화회관 [世宗文化會館]	[名]	世宗文化会馆
열리다	[动]	召开,举行
음악회 [音樂會]	[名]	音乐会
유명하다 [有名-]	[形]	有名,著名
처음	[副]	开头,起初
특히 [特-]	[副]	特别
세계 [世界]	[名]	世界
테너 [tenor]	[外]	男高音,男高音歌手
훌륭하다	[形]	优秀
감상하다 [鑑賞-]	[动]	欣赏
서양 [西洋]	[名]	西方
동양 [東洋]	[名]	东方
다르다	[形]	不同,不一样
조용히	[副]	静静地,安静地
경청하다 [傾聽-]	[动]	倾听
그러나	[连]	但是,可是,然而
판소리	[名]	盘索里(朝鲜朝后期流行的一种说唱形式)
출연자 [出演者]	[名]	演出者
시청자 [視聽者]	[名]	观众
장단 [長短]	[名]	节奏,调子
맞추다	[动]	对照,核对;应和

제10과 물건 사기
第十课　买东西

重点语法
1. 숫자 세기 (固有数词)
2. 단위를 나타내는 의존명사(量词)
3. N-하고-N
4. V·A-지만
5. V-(으)려고 하다

课文

(1)

주인: 어서 오십시오.
손님: 우유하고 빵이 있습니까?
주인: 네, 있습니다.
손님: 우유 두 병하고 빵 네 개를 주십시오. 얼마입니까?
주인: 2000원입니다.
손님: 돈 여기 있습니다.
주인: 감사합니다. 또 오십시오.
손님: 안녕히 계십시오.

(2)

손님: 아주머니, 이 수박이 얼마입니까?
주인: 만원이에요.
손님: 너무 비싸요.
주인: 좀 비싸지만 아주 달고 맛있어요.
손님: 저 사과는 얼마예요?
주인: 500원이에요.
손님: 그럼 사과 4개하고 수박 1개 주세요.
주인: 여기 있습니다.
손님: 모두 얼마예요?
주인: 12,000원이에요.

(3)

　　오늘은 일요일입니다. 나는 점심을 먹고 친구와 같이 동대문시장에 갔습니다. 시장에서 여기저기를 구경했습니다. 가방과 구두를 샀습니다. 신발도 사고 싶었지만 돈이 좀 모자랐습니다. 친구는 시장에서 물건을 사지 않았습니다. 친구는 학교 앞에서 책을 한 권 샀습니다. 다음 주말에 다시 동대문시장에 가려고 합니다.

词汇

물건 [物件]	[名]	东西
사다	[动]	买
어서	[副]	快
우유 [牛乳]	[名]	牛奶
병 [瓶]	[名]	瓶
빵	[名]	面包
개 [個]	[名]	个
얼마	[副]	多少

买东西

원 [圓]	[名]	元
돈	[名]	钱
안녕히 [安寧-]	[副]	平安地
계시다	[动]	在("있다"的敬语)
아주머니	[名]	大妈,大婶,大嫂
수박	[名]	西瓜
너무	[副]	太,非常,过于
좀	[副]	稍微
달다	[形]	甜
모두	[副]	全部,都
여기저기	[名]	到处
가방	[名]	包
구두	[名]	皮鞋
신발	[名]	鞋
모자라다	[动]	不足,不够
권 [卷]	[名]	册,本
주말 [週末]	[名]	周末
다시	[副]	重新,又

语 法

1. 숫자 세기 (固有数词)

韩国语数词包含汉字数词和固有数词两个体系。根据后面使用的量词的种类，选择使用固有词或汉字词。100以上的数字一般用汉字数词表示。

例如：

1	하나	2	둘	3	셋	4	넷	5	다섯
6	여섯	7	일곱	8	여덟	9	아홉	10	열
11	열하나	12	열둘	13	열셋	20	스물	30	서른
40	마흔	50	쉰	60	예순	70	일흔	80	여든
90	아흔	100	백	1000	천	1,0000	만	10,0000	십만

제10과 물건 사기

注：固有数词"하나""둘""셋""넷""스물"后面加量词时，该数词要变为"한""두""세""네""스무"的形式。

2. 단위를 나타내는 의존명사(量词)

量词常与数词连用，表示事物或动作的单位。韩国语量词中，有的与汉字数词连用，有的与固有数词连用。

常与汉字数词连用的量词有：

원(元)	년(年)	월(月)	일(日)
분(分)	주일(周)	번(号)	층(层)

常与固有数词连用的量词有：

잔(杯)	장(张)	병(瓶)	그릇(碗)	권(册,本)
명(名)	개(个)	번(次)	달(月)	살(岁)
시(时)	시간(小时)	켤레(双)	송이(朵)	
조각(块)	대(台,辆)	분(位)	마리(头,匹,条)	

单位的表达：名词—数词—量词

주스 한 잔	一杯果汁	토끼 한 마리	一只兔子
책 다섯 권	五本书	할머니 두 분	两位老奶奶
신발 네 켤레	四双鞋	밥 세 그릇	三碗米饭

例如：

(1) 지금은 아홉 시 20분입니다. (이십분)
  现在是9点20分。
(2) 오늘은 2009년 6월 5일입니다. (이천구년 유월 오일)
  今天是2009年6月5日。
(3) 모두 1,5000원입니다. (만오천원)
  一共15000韩元。
(4) 올해 열여덟 살입니다.
  我今年18岁。
(5) 어제 서점에서 책 여섯 권을 샀어요.
  昨天去书店买了6本书。

买东西

(6) 그 영화를 네 번이나 봤습니다.
　　那部电影我都看了四遍了。

(7) 아주머니, 냉면 두 그릇 주십시오.
　　阿姨,请给我两碗冷面。

(8) 장미꽃 아홉 송이를 샀어요.
　　我买了9朵玫瑰花。

3. N-하고-N

与格助词"하고"连接两个体词,表示"和、与"之意。

例如:

(1) 비빔밥하고 불고기 주세요.
　　请给我拌饭和烤肉。

(2) 오늘하고 내일은 수업이 없어요.
　　今明两天没有课。

(3) 저는 수박하고 딸기를 좋아합니다.
　　我喜欢吃西瓜和草莓。

* "하고"还可与"같이/함께"一起使用,意思为"和……一起"。

例如:

(1) 어제 동생하고 같이 박물관에 갔어요.
　　昨天和弟弟一起去博物馆了。

(2) 저녁에 친구하고 영화를 보겠습니다.
　　我晚上要和朋友一起去看电影。

4. V·A-지만

连接词尾"지만"接于谓词词干后,表示对立、转折。相当于汉语的"但是……"。体词后面加"이지만"。

例如:

(1) 동생은 키가 크지만 형은 키가 작습니다.
　　弟弟个子很高,但哥哥很矮。

(2) 김치는 맵지만 맛있습니다.
泡菜很辣,但很好吃。
(3) 내일은 시간이 있지만 오늘은 좀 바쁩니다.
明天有时间,可是今天很忙。
(4) 공부는 잘 하지만 성격은 안 좋아요.
虽然学习很好,但性格不好。
(5) 여행을 가고 싶지만 시간도 없고 돈도 없어요.
我想去旅游,可没有时间,也没有钱。
(6) 왕호 씨는 한국 사람이지만 중국말을 잘 합니다.
王浩虽然是韩国人,但汉语说得很好。

5. V-(으)려고 하다

惯用型。"(으)려고 하다"接于动词词干后,表示意图、打算。"려고 하다"接在开音节(包括以"ㄹ"结尾的闭音节)后面,"으려고 하다"接在闭音节后面。

例如:

(1) 왕호 씨하고 극장에 가려고 합니다.
我想和王浩一起去剧院。
(2) 졸업을 하면 회사에 취직을 하려고 합니다.
毕业后想去公司上班
(3) 가: 뭘 찾으세요?
您想买什么?
나: 바지를 사려고 하는데요.
想买条裤子。
(4) 가: 왜 연락을 안 했어요?
为什么不联系我?
나: 미안해요. 연락을 하려고 했어요. 그런데 너무 바빴어요.
对不起,本来想联系你来着,可是太忙了。
(5) 가: 은행에 가서 무엇을 하려고 합니까?
去银行干什么?
나: 돈을 찾으려고 합니다.
我想去取钱。

买东西

练 习

1. 다음 숫자를 고유어로 쓰고 읽으세요. (用固有词读写下列数字)

(1) 4 _____   (2) 9 _____
(3) 10 _____   (4) 15 _____
(5) 27 _____   (6) 38 _____
(7) 52 _____   (8) 76 _____

2. 다음 문장을 읽으세요. (读下列句子)

(1) 오늘은 2009년 10월 1일입니다.
(2) 우리 반에 남학생이 8명 있습니다.
(3) 올해 20살입니다.
(4) 우리 학교에 가면 7번 버스를 타세요.
(5) 오늘 커피를 4잔 마셨어요.
(6) 영화표 5 장 주세요.

3. (   )에 알맞은 단위를 나타내는 의존명사를 써 넣으세요. (在括号内填入恰当的量词)

(1) 사과를 4 (   ) 샀습니다.
(2) 침대 밑에 고양이가 1 (   ) 있어요.
(3) 한국어를 2 (   ) 공부했어요.
(4) 어제 점심에 냉면 3 (   )이나 먹었어요.
(5) 아주머니, 맥주 2 (   ) 주세요.
(6) 자동차가 모두 10 (   ) 있습니다.

4. 보기와 같이 '-지만'으로 다음 문장을 연결하세요. (仿照例子用"-지만"连接下列句子)

<보기> 내일은 시간이 있습니다. 오늘은 좀 바쁩니다.
→ 내일은 시간이 있지만 오늘은 좀 바쁩니다.

제10과 물건 사기   87

(1) 나는 버스를 탑니다. 소라 씨는 택시를 탑니다.
→ _____

(2) 그 영화가 좀 길어요. 재미있어요.
→ _____

(3) 국어사전이 비쌉니다. 사고 싶습니다.
→ _____

(4) 인삼차가 맛있어요. 오늘은 주스를 마시고 싶어요.
→ _____

5. 보기와 같이 대화를 왕성하세요. (仿照例句完成对话)

<보기> 가: 해외여행을 가려고 합니까?
　　　　나: 해외여행을 가려고 합니다.

(1) 가: 내일 집에서 쉽니까?
　　나: 아니요, _____
(2) 가: 주말에 무엇을 하겠어요?
　　나: _____
(3) 가: 졸업한 후에 바로 결혼할 거예요?
　　나: 예, _____
(4) 가: 누구하고 제주도를 여행하려고 합니까?
　　나: _____

6. 다음 문장을 중국어로 번역하세요. (将下列各句译成汉语)

(1) 제29회 올림픽대회가 2008년 8월 8일에 베이징에서 성대하게 개막되었습니다.

(2) 다음 주부터 태권도를 배우려고 합니다.

(3) 실례지만 중국은행은 어떻게 갑니까?

(4) 햄버거 두 개하고 콜라 한 잔 주세요.

买东西

● **7. 다음 문장을 한국어로 번역하세요.** (将下列各句译成韩语)

(1) 您好,请给我两份拌饭。

(2) 我有5张朝鲜邮票。

(3) 那条连衣裙虽然我很想买下来,但价格太贵了。

(4) 我打算明天和成民一起去爬山。

课外阅读

이 핸드폰은 최신형 스마트폰입니다. 모양도 예쁘고 기능도 많고 통화의 질도 좋습니다. 그래서 값도 좀 비쌉니다. 한 대에 89만원입니다. 이것은 아버지의 새 핸드폰입니다. 핸드폰 번호는 010-636-6876 번입니다. 아버지는 은행 직원입니다. 올해 서른 여덟입니다. 아버지의 취미는 축구입니다. 그래서 축구화를 좋아하십니다. 좋은 축구화는 값이 싸지 않습니다. 보통 한 켤레에 10만원 정도 합니다.

补充词汇

주일 [週日]	[名]	周
번 [番]	[名]	次,遍
잔 [盞]	[名]	杯
장 [張]	[名]	张
그릇	[名]	碗
명 [名]	[名]	名

살	[名]	岁
시간 [時間]	[名]	小时
켤레	[名]	双
송이	[名]	朵
조각	[名]	块
마리	[名]	头,匹,只,条
주스 [juice]	[名]	果汁
토끼	[名]	兔子
딸기	[名]	草莓
박물관 [博物館]	[名]	博物馆
키	[名]	个子,大小
형 [兄]	[名]	哥哥
작다	[形]	小,矮
성격 [性格]	[名]	性格
김치	[名]	泡菜
맵다	[形]	辣
중국말 [中國-]	[名]	汉语
바지	[名]	裤子
연락 [聯絡]	[名]	联络,联系
남학생 [男學生]	[名]	男生
자동차 [自動車]	[名]	汽车
택시 [taxi]	[外]	出租车
길다	[形]	长,冗长
국어사전 [國語辭典]	[名]	国语词典
인삼차 [人蔘茶]	[名]	人参茶
태권도 [跆拳道]	[名]	跆拳道
중국은행 [中國銀行]	[名]	中国银行
올림픽 [Olympic]	[外]	奥林匹克
성대하다 [盛大-]	[形]	盛大,隆重
개막되다 [開幕-]	[动]	开幕
햄버거 [hamburger]	[外]	汉堡包
콜라 [cola]	[外]	可乐

买东西

최신형 [最新型]	[名]	最新型,最新款式
스마트 폰 [smart phone]	[外]	智能手机
시청 [市廳]	[名]	市政府
올해	[名]	今年
취미 [趣味]	[名]	兴趣
축구화 [蹴球靴]	[名]	足球鞋
보통 [普通]	[名、副]	普通,一般
정도 [程度]	[名]	程度,左右

제11과 가족 소개
第十一课 介绍家人

重点语法
1. (으)시
2. 높임말 （敬语）
3. N-께서; N-께서는
4. N-전에

课 文

(1)

가: 왕호 씨, 가족이 모두 몇 명입니까?
나: 아버지, 어머니, 동생, 그리고 저, 모두 네 명입니다.
가: 부모님께서는 무슨 일을 하십니까?
나: 아버지께서는 공무원이시고 어머니께서는 은행에 다니십니다.
가: 동생도 대학생입니까?
나: 아니요, 동생은 초등학교에 다닙니다.

介绍家人

(2)
가: 성함이 어떻게 되십니까?
나: 유강입니다.
가: 가족들은 모두 중국에 계십니까?
나: 네, 할아버지, 할머니하고 부모님께서는 베이징에 계십니다.
가: 언제 한국에 오셨습니까?
나: 3 개월 전에 왔습니다.

(3)
가: 가족이 몇 명이에요?
나: 우리 가족은 모두 넷이에요.
　　아버지와 어머니가 계시고, 형이 한 명 있습니다.
가: 아버님은 무엇을 하십니까?
나: 아버지는 회사원입니다.
가: 왕호 씨는 어느 대학교에 다니세요?
나: 저는 서울 대학교에 다녀요.

词汇

가족 [家族]	[名]	家族,家人
일	[名]	工作,事情
공무원 [公務員]	[名]	公务员
은행 [銀行]	[名]	银行
은행 [銀行] 에 다니다	[词组]	在银行上班
초등학교 [初等學校]	[名]	小学
성함 [姓銜]	[名]	尊姓大名("이름"的敬语)
언제	[代]	何时
3개월 [3個月]	[名]	3个月
전 [前]	[副]	前,之前
어느	[冠]	某,哪一个

语 法

1. (으)시

尊称词尾。"(으)시"接于谓词词干后面，表示对主体的尊敬。所以主语是第一人称时不能使用"(으)시"。"시"接在开音节（包括以"ㄹ"结尾的闭音节）之后，"으시"接在闭音节之后。

例如：

오다: 오 - 시 - ㅂ니다 → 오십니다.
　　　오 - 시 - 었습니다 → 오셨습니다.
　　　오 - 시 - 었어요 → 오셨어요.
　　　오 - 시 - 어요 → 오세요.

(1) 가: 무엇을 하십니까?　　　　　您在做什么?
　　나: 그림을 그립니다.　　　　　在画画。
(2) 가: 언제 다시 오시겠어요?　　　您什么时候再来啊?
　　나: 내년에 다시 올 겁니다.　　明年还会来的。
(3) 가: 어제 누구를 만나셨어요?　　昨天您见谁了?
　　나: 이소라 씨를 만났어요.　　见李素罗了。
(4) 할아버지는 신문을 읽으십니다.　爷爷在读报。
(5) 선생님, 식사하셨어요?　　　　老师，您吃饭了吗?
(6) 성민 씨, 무슨 운동을 좋아하세요?　成民，你喜欢什么运动?
(7) 주말에 무엇을 하세요?　　　　周末做什么?

2. 높임말（敬语）

在韩国语中，部分词汇有其专门的敬语，表示对所指对象的尊敬。

例如：

밥 → 진지	있다 → 계시다
집 → 댁	먹다 → 드시다/잡수시다
이름 → 성함	자다 → 주무시다
나이 → 연세	말하다 → 말씀하시다
말 → 말씀	죽다 → 돌아가시다
생일 → 생신	주다 → 드리다
아내 → 부인	아프다 → 편찮으시다

介绍家人

(1) 할머니, 진지 드십시오.　　　　　　　　奶奶，请用餐吧。
(2) 거기가 박 선생님 댁입니까?　　　　　　请问是朴先生家吗?
(3) 어디가 편찮으십니까?　　　　　　　　　您哪里不舒服啊?
(4) 아버지는 우체국에 다니십니다.　　　　爸爸在邮局上班。
(5) 할머니께서는 작년에 돌아가셨습니다.　奶奶去年去世了。

3. N-께서；N-께서는

助词。当主语是说话人的长辈或上司等需要尊敬的人时，为对其表示尊敬，助词"이/가""은/는"可分别换成"께서"和"께서는"。

例如：
(1) 가: 누가 가겠습니까?　　　　　　　　　　谁去?
　　나: 김 선생님께서 가시겠습니다.　　　　金老师去。
(2) 아버저께서는 연세가 어떻게 되십니까?　你父亲多大年纪了?
(3) 할머니께서는 텔레비전을 보십니다.　　　奶奶在看电视。
(4) 할아버지께서는 고향에 계십니다.　　　　爷爷在故乡。
(5) 저기 선생님께서 오셨습니다.　　　　　　那边老师过来了。

4. N-전에

惯用型。部分时间名词后加"전에"，类似于汉语的"……之前"。

例如：
(1) 며칠 전에 중국에 왔습니다.　　　　　　　我几天前来到了中国。
(2) 한 시간 전에 점심을 먹었어요.　　　　　　一个小时前吃的午饭。
(3) 10년 전에 이 사진을 찍었어요.　　　　　　10年前照的这张照片。
(4) 두 달 전에 한국어 공부를 시작했어요.　　我两个月前开始学韩国语。

제11과 가족 소개

练 习

1. 보기처럼 다음 문장을 완성하세요. (仿照例句完成下面的句子)

<보기> 아버지, 회사, 지금, 있다
→ 아버지께서 지금 회사에 계십니다.

(1) 은행, 형님, 일, 하다 → _____.
(2) 어머니, 방, 자다 → _____.
(3) 부인, 일, 무슨, 하다 → _____.
(4) 회장님, 이번 주, 무척, 바쁘다 → _____.
(5) 선생님, 밥, 식당에서, 먹다 → _____.
(6) 교수님, 안, 연구실에, 오다 → _____.

2. 다음 문장을 높임말로 바꾸세요. (请将下面的句子变成敬语)

(1) 아버지, 잘 자요.
_____.

(2) 할머니는 기분이 좋습니다.
_____.

(3) 사장님 아내는 선생입니다.
_____.

(4) 우리 할머니의 생일은 3월 2일입니다.
_____.

(5) 이 일을 어머니한테 말했습니까?
_____.

(6) 할아버지, 잘 있어요.
_____.

(7) 올해 몇 살입니까?
_____?

(8) 누가 김 선생님이에요?
_____?

介绍家人

3. 높임말로 다음 대화를 완성하세요. (请用敬语完成下面的对话)

(1) — _____
— 내일은 학교에 안 갑니다.

(2) — _____
— 제 이름은 김성민입니다.

(3) — _____
— 우리 집은 학교 근처에 있어요.

(4) — _____
— 저는 학교에서 근무합니다.

(5) — _____
— 아니요, 별로 안 바빠요.

(6) — _____
— 네, 저는 중국 사람입니다.

(7) — _____
— 고맙습니다. 이미 많이 먹었어요.

(8) — _____
— 네, 정말 많이 아팠어요.

4. '-전에'를 사용하여 다음 질문에 대답하세요. (请用"-전에"回答下面的问题)

(1) 그 소설책을 언제 읽었어요?
_____

(2) 언제 세수를 합니까?
_____

(3) 시험 전에 무엇을 합니까?
_____

(4) 이 약은 언제 먹습니까?
_____

(5) 언제 저에게 전화하셨어요?
_____

(6) 언제 회화선생님한테 찾아갈까요?

(7) 언제 결혼을 했습니까?

5. 다음 문장을 한국어로 번역하세요.（请将下列句子翻译成韩语）

(1) 你家有几口人?

(2) 我爸爸妈妈在韩国,姐姐在中国留学。

(3) 考试之前请做好准备。

(4) 回韩国之前我们一起吃顿饭吧。

6. 다음 문장을 중국어로 번역하세요.（请将下列句子翻译成汉语）

(1) 성준 씨의 아버지께서 지금 편찮으십니다.

(2) 자기 전에 우유 한잔을 마시세요.

(3) 아버지께서는 한 시간 전에 벌써 집에 들어오셨어요.

7. 자기의 가족을 소개해 보세요.（请介绍一下自己的家人）

介绍家人

课外阅读

　　옛날에 프로메테우스 신은 사람에게 두 개의 주머니를 주었습니다. 하나의 주머니 속에는 다른 사람의 결점이 들어 있고 또 하나의 주머니 속에는 자기의 결점이 들어 있었습니다.

　　프로메테우스 신은 이 두 개의 주머니에 끈을 달아서 사람들의 목에 걸어 주었는데, 다른 사람의 결점이 들어 있는 주머니는 앞쪽에 걸어 주고 자기 자신의 결점이 들어 있는 주머니는 등 뒤에 걸어 주었습니다. 그래서 사람들은 지금까지는 남의 결점은 잘 발견하면서도 자기 결점은 잘 알지 못한다고 합니다.

　　그러나 조금만 뒤를 돌아볼 줄 아는 사람이라면, 즉 반성을 할 줄 아는 사람이라면 자기 자신의 결점도 금방 발견하게 될 것입니다.

补充词汇

내년 [來年]	[名]	明年
할아버지	[名]	爷爷,祖父
식사하다 [食事-]	[动]	吃饭,就餐
진지	[名]	饭("밥"的敬语)
댁 [宅]	[名]	府上("집"的敬语)
나이	[名]	年龄
연세 [年歲]	[名]	年龄,年纪("나이"的敬语)
말씀	[名]	话("말"的敬语)
생신 [生辰]	[名]	生日("생일"的敬语)
아내	[名]	妻子
부인 [夫人]	[名]	夫人("아내"的敬语)
잡수시다	[动]	吃("먹다"的敬语)
주무시다	[动]	睡("자다"的敬语)
말씀하시다	[动]	说("말하다"的敬语)
돌아가시다	[动]	去世("죽다"的敬语)

제11과 가족 소개

편찮으시다	[形]	不舒服，生病（"아프다"的敬语）
며칠	[名]	几天
회장님 [會長-]	[名]	会长，董事长
무척	[副]	非常
교수님 [敎授-]	[名]	教授
연구실 [硏究室]	[名]	研究室
기분이 좋다	[词组]	心情好
근무하다 [勤務-]	[动]	工作
찾아가다	[动]	去找，访问
프로메테우스 [Prometheus]	[人名]	普罗米修斯
결점 [缺點]	[名]	缺点
주머니	[名]	口袋，袋子
끈	[名]	绳子，带子
달다	[动]	连结；挂
걸다	[动]	挂，悬挂
돌아보다	[动]	回头看，转身看，回顾
앞쪽	[名]	前面
등뒤	[名]	背后
남	[名]	他人，别人
발견하다 [發見-]	[动]	发现
금방 [今方]	[副]	马上
반성 [反省]	[名]	反省，检讨

제12과 하루 일과
第十二课 一天的作息

重点语法
1. 时间的读法
2. N-부터
3. N-만
4. N-부터 N-까지
5. V-기 전에
6. V·A-거나

课文

(1)

가: 왕호 씨, 안녕하세요?

나: 안녕하세요? 김성민 씨, 수업이 있어요?

가: 네, 10시에 수업이 있어요. 왕호 씨는 몇 시부터 한국어 수업을 해요?

나: 8시부터 공부해요. 그리고 점심 12시에 끝나요.

가: 문법만 공부해요?
나: 아니요, 문법 두 시간하고 회화 두 시간을 공부해요. 또 한국 노래 수업도 있어요.
가: 노래 수업은 언제 해요?
나: 매주 월요일에 오후 2시부터 4시까지 해요. 아주 재미있어요.

(2)

왕호 씨는 매일 일찍 일어납니다. 먼저 운동을 하고 세수를 합니다. 7시쯤에 아침을 먹습니다. 오전에 한국어를 공부합니다. 12시 반에 점심식사를 합니다. 오후에는 친구들과 함께 도서관에 가서 공부합니다. 저녁 6시쯤에 기숙사에 돌아옵니다. 보통 밤 11시 반에 잠을 잡니다. 자기 전에 음악을 듣거나 일기를 씁니다.

词汇

하루	[名]	一天
일과 [日課]	[名]	活动、作息
수업 [授業]	[名]	上课,授课
끝나다	[动]	结束
문법 [文法]	[名]	语法
회화 [會話]	[名]	会话
먼저	[名、副]	首先
쯤	[名]	左右
오전 [午前]	[名]	上午
함께	[副]	一起
돌아오다	[动]	回来
보통 [普通]	[副]	一般
음악 [音樂]	[名]	音乐
듣다	[动]	听

语 法

1. 时间的读法

韩国语用汉字词"시""분""초"来表示时间的"时""分""秒"。"小时"用固有数词读,"分"和"秒"用汉字数词读。

시 (时):	한 시, 두 시, 세 시, 네 시, 다섯 시, 여섯 시, 일곱 시, 여덟 시, 아홉 시, 열 시, 열한 시, 열두 시
분 (分):	일 분, 이 분…십 분…오십 분…
초 (秒):	일 초, 이 초…십 초…오십 초…

例如:

2:10	두 시 십 분
3:30	세 시 삼십 분/ 세 시 반
4:55	네 시 오십오 분/ 다섯 시 오 분 전
8:25	여덟 시 이십오 분
12:00	열두 시 (열두 시 정각)

(1) 가: 지금 몇 시예요?　　　　　　　　현在几点了?
　　나: 한 시 20분이에요.　　　　　　　1点20。
(2) 가: 왕호 씨는 보통 몇 시에 일어나세요? 王浩你一般几点钟起床?
　　나: 저는 매일 6시 반에 일어나요.　　我每天6点半起床。
(3) 가: 기차가 몇 시에 출발해요?　　　　火车几点钟出发?
　　나: 아홉 시 정각에 출발해요.　　　　9点整出发。
(4) 내일 오후 네 시에 친구를 만나요.　　明天下午4点见朋友。

2. N-부터

助词。"부터"接在体词后面,表示时间的起点或顺序的开始。类似于汉语的"从……开始"。

例如:

(1) 지금부터 열심히 공부하겠습니다.　　从现在开始我要努力学习。
(2) 3월부터는 날씨가 따뜻해집니다.　　从3月份开始天气渐渐暖和起来了。

제12과 하루 일과

(3) 책 10쪽부터 읽으세요.
　　从第10页开始读吧。
(4) 왕호 씨부터 노래하세요.
　　先从王浩开始唱吧。

3. N-만

助词"만"接在体词后面，表示限定，类似于汉语的"仅仅""只""只有"。

例如：

(1) 저는 사과를 두 개만 샀어요.
　　我只买了两个苹果。
(2) 가: 보통 아침에 뭘 먹어요?
　　　你一般早晨吃什么？
　　나: 보통 우유만 마셔요.
　　　一般只喝牛奶。
(3) 가: 한국 친구가 많아요?
　　　韩国朋友多吗？
　　나: 아니요, 한 명만 있어요.
　　　不多，只有一位。
(4) 가: 일요일에 뭐 해요?
　　　星期天干什么？
　　나: 보통 공부만 해요.
　　　一般就光学习。

4. N-부터 N-까지

助词"부터"和"까지"接在时间名词后面，表示时间的起点和终点。类似于汉语的"从……到……"。

例如：

(1) 가: 토요일에도 수업이 있어요?
　　　星期六也有课吗？
　　나: 아니요, 월요일부터 금요일까지 수업이 있어요.
　　　不，从星期一到星期五有课。
(2) 가: 겨울 방학이 언제부터 언제까지입니까?
　　　寒假从什么时候开始到什么时候结束？

나: 1월말부터 3월초까지입니다.
　　　　1月末到3月初。
(3) 아침부터 저녁까지 쉬지 않습니다.
　　 从早到晚不休息。
(4) 오전 8시부터 오후 5시까지 일합니다.
　　 从上午8点到下午5点工作。

5. V-기 전에

惯用型。接于动词词干后面，表示后一个动作先于前一个动作完成。类似于汉语的"在……之前"。

例如：

(1) 한국에 오기 전에 무역 회사에 다녔어요.
　　 来韩国之前我在贸易公司上班。
(2) 떠나기 전에 전화하세요.
　　 走之前给我打个电话。
(3) 밥 먹기 전에 꼭 손을 씻어요.
　　 吃饭之前一定要洗手。
(4) 저는 보통 수업을 하기 전에 커피 한 잔을 마십니다.
　　 我一般上课之前喝杯咖啡。
(5) 이소라 씨는 귀국하기 전에 선물을 샀어요.
　　 李素罗回国之前买了礼物。
(6) 수영하기 전에 먼저 준비 운동을 하세요.
　　 游泳之前请先做一下准备活动。

6. V·A-거나

连接词尾"-거나"接于谓词词干后，表示选择，类似于汉语的"或""或者"。

例如：

(1) 주말에는 텔레비전을 보거나 친구를 만나요.
　　 周末看看电视或者见见朋友。
(2) 수업이 끝나면 숙제를 하거나 도서관에 가요.
　　 下课后做作业或是去图书馆。

(3) 학교에는 버스로 가거나 저전거로 가요.
去学校时坐公交车或骑自行车。
(4) 제가 보고 싶으면 편지를 쓰거나 전화를 하세요.
想我的话就给我写信或打电话。
(5) 나는 아프거나 힘들 때 가족 생각이 나요.
我生病或是累的时候就想家。
(6) 싸거나 비싸거나 필요하면 사야지요.
别管价格便宜还是贵，需要的就该买啊。
(7) 그 남자는 돈이 있거나 없거나 술을 마셔요.
那个男的不论有钱没钱都喝酒。

练 习

1. 다음 질문에 대답하세요. （请回答下列问题）

(1) 보통 아침에 몇 시에 일어납니까?

(2) 저녁에 몇 시에 잡니까?

(3) 언제 점심 식사를 합니까?

(4) 보통 몇 시에 학교에 갑니까?

(5) 오후 수업이 언제 끝나요?

(6) 몇 시에 친구를 만납니까?

(7) 지금 몇 시입니까?

一天的作息

2. '-부터-까지/-부터'를 이용하여 다음 대화를 완성하세요. (用"-부터-까지/-부터"完成下列对话)

(1) 가: 겨울방학이 언제부터 언제까지예요?
나: _____

(2) 가: 중국에 어느 정도 있었어요?
나: _____

(3) 가: 시험 기간이 언제예요?
나: _____

(4) 가: 언제부터 한국어를 배웠어요?
나: _____

(5) 가: 언제부터 아팠어요?
나: _____

(6) 가: 몇 시부터 몇 시까지 잡니까?
나: _____

3. 보기와 같이 다음 대화를 완성하세요. (仿照例句完成下列对话)

<보기> 가: 일요일도 일했어요?
　　　 나: 아니요, 토요일만 일했어요.

(1) 가: 아침에 무엇을 먹어요?
나: _____

(2) 가: 가족하고 같이 한국에 왔어요?
나: _____

(3) 가: 성준 씨는 축구도 좋아해요?
나: _____

(4) 가: 이 가게에 과일도 팔아요?
나: _____

(5) 가: 우리 내일 영화를 보고 백화점에 갈 거죠?
나: _____

(6) 가: 지영 씨와 같이 왔어요?
나: _____

제12과 하루 일과

4. '-거나'를 이용하여 다음 질문에 대답하세요. (用"-거나"回答下列问题)

   (1) 가: 주말에 주로 뭐 해요?
       나: _____
   (2) 가: 수업이 끝나면 무엇을 합니까?
       나: _____
   (3) 가: 쉬는 시간에 주로 무엇을 하죠?
       나: _____
   (4) 가: 스트레스를 어떻게 풀어요?
       나: _____
   (5) 가: 모르는 문제가 있으면 어떻게 해요?
       나: _____
   (6) 가: 고민이 있으면 어떻게 하세요?
       나: _____

5. '-기 전에'를 이용하여 다음 대화를 완성하세요. (用"-기 전에"完成下列对话)

   (1) 가: 저녁에 언제 양치를 해요?
       나: _____
   (2) 가: 수업 시작하기 전에 무슨 준비를 하세요?
       나: _____
   (3) 가: _____
       나: 부산에 살았어요.
   (4) 가: 감기에 걸렸어요. 그래서 머리가 아파요.
       나: _____
   (5) 가: 요즘 저녁에 잠이 잘 안 와요.
       나: _____
   (6) 가: 언제 아침을 먹어요?
       나: _____

一天的作息

6. 다음 문장을 한국어로 번역하세요. (将下面的句子翻译成韩语)

(1) 趁热喝吧。

(2) 周末我一般在教室学习或者见朋友。

(3) 我晚上7点到9点在家。

7. 다음 문장을 중국어로 번역하세요. (把下面的句子翻译成汉语)

(1) 잊어버리기 전에 빨리 적으세요.

(2) 저는 약만 먹으면 안 될까요?

(3) 남자 친구하고 언제부터 만났어요?

8. 자신의 하루일과를 얘기하세요. (说说自己一天的作息)

课外阅读

　　이케다 씨는 아침 6시 반에 일어납니다. 그리고는 한강 강변 도로 산책길에서 30분 가량 달리기를 합니다. 7시 반에 아침으로 우유와 빵을 먹습니다. 한국 라면을 가끔 먹기도 합니다. 일본 사람이지만 매운 음식을 잘 먹습니다. 8시 10분에 집을 떠나 방송국으로 출근합니다. 이케다 씨는 지금 한국 방송공사에서 일합니다. 오전 9시부터 오후 6시까지는 근무 시간입니다. 12

시부터 오후 1시까지는 점심시간입니다. 점심에는 친구들과 같이 회사 근처에서 식사를 합니다. 이케다 씨는 <세계기행> 프로그램만 담당합니다. 오전 11시부터 11시 30분까지 방영합니다. 오후에는 자료를 수집하는 등 준비 작업을 합니다. 때로는 저녁 8시까지 연장 근무를 하기도 합니다.

补充词汇

출발하다 [出發-]	[动]	出发
정각 [正刻]	[名]	整(点)
열심히 [熱心-]	[副]	努力
따뜻하다	[形]	温暖, 暖和
쪽	[名]	页
방학 [放學]	[名]	放假
무역 [貿易]	[名]	贸易
떠나다	[动]	动身, 离开
꼭	[副]	一定
씻다	[动]	洗
귀국하다 [歸國-]	[动]	回国
자전거 [自轉車]	[名]	自行车
힘들다	[动]	累, 费劲
생각	[名]	想法
시험 기간 [試驗期間]	[词组]	考试时间, 考试期间
주로 [主-]	[副]	主要
스트레스를 풀다	[词组]	缓解压力
고민 [苦悶]	[名]	苦闷, 烦恼
양치하다 [養齒-]	[动]	刷牙
강변 [江邊]	[名]	江边
도로 [道路]	[名]	道路
산책길 [散策-]	[名]	步行道
가량 [假量]	[名]	大约, 左右
달리기	[名]	跑, 跑步

一天的作息

방송국 [放送局]	[名]	广播电台,电视台
출근하다 [出勤-]	[动]	上班
근무 [勤務]	[名]	工作,上班
세계기행 [世界紀行]	[名]	世界纪行
프로그램 [program]	[外]	节目
담당하다 [擔當-]	[动]	担当,担任
방영하다 [放映-]	[动]	放映
수집하다 [收集-]	[动]	收集
준비작업 [准備作業]	[名]	准备工作
때로	[副]	间或,有时
연장 [延長]	[名]	延长

제13과 전화
第十三课 电话

重点语法
1. V-(으)ㄹ 것이다
2. V-는데요/A-(으)ㄴ데요
3. N-(으)로 가다/오다/떠나다/출발하다
4. V-아/어/여 주다

课文

(1)

김성민: 거기 삼성전자 맞죠?
직 원: 아닌데요, 잘못 걸었습니다.
김성민: 거기가 233-3131 아닙니까?
직 원: 아닙니다. 여기는 231-3131입니다.
김성민: 죄송합니다.

<잠시 후>

김성민: 여보세요?
직 원: 네, 현대 자동차입니다.
김성민: 이선우 과장님 좀 부탁 드립니다.
직 원: 과장님께서는 외출하셨는데요.
김성민: 그러면 이덕진 씨를 바꿔 주십시오.
직 원: 예, 잠시만요, 바꿔 드리겠습니다.

电话

(2)

김성민: 여보세요?
이소라: 거기가 김 선생님 댁이지요?
김성민: 네, 맞는데요. 누구십니까?
이소라: 안녕하세요? 저는 이소라입니다. 김 선생님 계세요?
김성민: 아직 안 들어오셨는데요.
이소라: 아, 그래요? 그럼 선생님께서 언제쯤 들어오실까요?
김성민: 아마 저녁 8시쯤에 들어오실 거예요. 핸드폰으로 전화해 보시겠어요?
이소라: 죄송하지만 핸드폰 번호가 몇 번입니까?
김성민: 010-2278-5687입니다.
이소라: 감사합니다. 핸드폰으로 전화하겠습니다.

<잠시 후>

선생님: 여보세요?
이소라: 김 선생님 핸드폰입니까?
선생님: 네, 그런데요.
이소라: 선생님, 안녕하세요? 저는 이소라입니다.
선생님: 아, 이소라 씨, 무슨 일이에요?
이소라: 내일 오전에 일본에서 제 친구가 옵니다. 그래서 내일 아침에 공항에 갑니다.
선생님: 그래요? 알았어요. 친구 잘 만나요.
이소라: 죄송합니다. 모레는 꼭 학교에 가겠습니다. 안녕히 계세요.

词汇

삼성 [三星]	[名]	三星
전자 [電子]	[名]	电子
걸다	[动]	打(电话)

제13과 전화

현대 [現代]	[名]	现代
이선우 [李善宇]	[专]	李善宇
과장 [課長]	[名]	科长
…씨 좀 부탁 드립니다	[常用语]	请让……接电话
외출하다 [外出-]	[动]	外出
이덕진 [李德振]	[人名]	李德振
…씨를 바꿔 주십시오	[常用语]	请让……接电话
죄송하다 [罪悚-]	[形]	对不起,打扰
감사하다 [感謝-]	[动,形]	感谢
공항 [空港]	[名]	机场
모레	[名,副]	后天

语 法

1. V-(으)ㄹ 것이다

终结词尾,接在动词词干后,表示未来打算或可能性。与"겠"基本相同,表示说话者的意志、意向或说话者对某件事的推测,但"-(으)ㄹ 것이다"多用于口语,语气比"겠"温和一些。

动词词尾	形式	举例
开音节	-ㄹ 것이다	내일 학교에 갈 것입니다. 明天去学校。
闭音节	-을 것이다	저녁에 김치를 먹을 것입니다. 晚上吃泡菜。

例如:

(1) 이번 주말에 무엇을 할 겁니까?　　　这个周末打算做什么?
　　친구를 만날 겁니다.　　　　　　　　要见朋友。
(2) 저녁에 뭘 먹을 겁니까?　　　　　　晚上吃什么?
　　김치찌개를 먹을 겁니다.　　　　　　吃泡菜汤。

(3) 왕호 씨는 내일 한국에 오실 거예요.
　　王浩明天来韩国。
(4) 시간이 있으면 같이 영화 보러 극장에 가실 거예요?
　　有时间的话一起去剧院看电影吧？
(5) 저는 오후에 친구에게 이메일을 보낼 거예요.
　　下午我要给朋友发电子邮件。
(6) 선생님께서는 언제 오세요?
　　老师什么时候来？
　　곧 오실 거예요.
　　马上就来。

2. V-는데요
A-(으)ㄴ데요

终结词尾。"-는/(으)ㄴ데요"接在动词和形容词词干后面,表示委婉、间接地表达自己的想法。因此这类陈述句除了字面上的意思以外,还包含"怎么了?""您是谁?"等其他意思。"-는데요"接在动词词干后面,"-은데요"接在闭音节形容词词干后面,"-ㄴ데요"接在开音节形容词词干和"-이다"后面。

动词开音节/闭音节	形容词开音节	形容词闭音节
자다 → 자는데요.	비싸다 → 비싼데요.	덥다 → 더운데요.
먹다 → 먹는데요.	기쁘다 → 기쁜데요.	싫다 → 싫은데요.
읽다 → 읽는데요.	조용하다 → 조용한데요.	어렵다 → 어려운데요.

동사:　　갑니다 →가요→가는데요.　　먹습니다→먹어요→먹는데요.
형용사:　예쁩니다→예뻐요→예쁜데요.　좋습니다→좋아요→좋은데요.
명사:　　접니다→저예요→전데요.　　밥입니다→밥이에요→밥인데요.
※ 있다/없다 → 있는데요 / 없는데요.　　맛있는데요 / 맛없는데요.
　　재미있는데요 / 재미없는데요.

例如:
(1) 선생님을 만나러 왔는데요. (어디에 계세요?)
　　我是来见老师的。(老师在哪里呢？)

(2) 거기 샐리 집 맞습니까?

是萨莉家吗?

네, 맞는데요. (누구세요?)

是啊。(谁啊?)

(3) 이 교실에 영국 사람이 있어요?

这个教室里有英国人吗?

아니요, 없는데요. (왜요? 누구세요?)

不,没有。(怎么了? 你是谁?)

(4) 옷을 사려고 하는데요. (도와 주세요.)

我想买衣服。(帮我参考参考吧。)

(5) 김치가 맛있어요?

泡菜好吃吗?

네, 맛있는데요. (왜요?)

嗯,好吃。(怎么了?)

(6) 지금 바쁜데요. (이따가 오세요.)

现在很忙。(一会儿再来吧。)

3. N-(으)로 가다/오다/떠나다/출발하다

惯用型。"-(으)로"用于体词后,表示动作的方向,常与"가다""오다""다니다"等趋向性动词连用。

例如:

(1) 오른쪽으로 가십시오.

请往右走。

(2) 성민 씨가 입원했어요. 빨리 병원으로 가 봅시다.

成民住院了。赶快去医院看看吧。

(3) 이쪽으로 따라 오세요.

请跟我到这边来。

(4) 아저씨, 서울대로 가 주세요.

大叔,请去首尔大学。

(5) 왕호 씨는 아침 일찍 중국으로 떠났어요.
　　王浩一大早就动身去中国了。

4. V-아/어/여 주다.

惯用型。用于动词词干后，表示"为某人做某事"。当表示对对方的尊敬时，一般用"-아/어/여 드리다"的形式。当请求别人为自己做某事时，用"-아/어/여 주십시오"。当请求听话人为第三者做某事，第三者需要尊敬时，用"-아/어/여 드리다"。

V元音	终结词尾	举例
ㅏ, ㅗ	-아 주다	가다 → 가 주세요.
	-아 드리다	돕다 → 도와 드립니다.
ㅓ, ㅜ, ㅡ, ㅣ	-어 주다	기다리다 → 기다려 주세요.
	-어 드리다	읽다 → 읽어 드립니다.
하(다)	-여 주다	전화하다 → 전화해 주세요.
	-여 드리다	설명하다 → 설명해 드립니다.

例如：

(1) 먼저 혜화역으로 가 주세요.
　　请先去惠化站吧。
(2) 이 소설책을 일주일만 빌려 주세요.
　　请把这本小说借我一星期吧。
(3) 사유리 씨, 88쪽을 읽어 주세요.
　　小百合，请读一下88页。
(4) 이 영수증에 사인 좀 해 주십시오.
　　请在发票上签字。
(5) 내일은 8시 30분까지 학교 정문으로 모여 주세요.
　　明天8点30分之前请到学校正门集合。
(6) 왕호 씨, 숙소에 들어오면 꼭 저에게 전화해 주세요.
　　王浩，回宿舍后请一定给我打电话。
(7) 이 문제가 너무 어려워요.
　　这个问题太难了。

괜찮아요. 제가 도와 드리겠습니다.
没关系,我会帮您的。
(8) 어제 백화점에 가서 어머니께 크리스마스 선물을 사 드렸습니다.
昨天去商场给妈妈买了圣诞礼物。

练 习

1. 친구의 계획을 알고 싶어요. 어떻게 이야기해야 될까요? (想询问朋友的计划,下面的情况下该怎么问呢)

   <보기> 수미 씨, 다음 주 토요일 설악산에 가실 거예요?

   (1) 백화점/선물 사러 가다

   (2) 가을/한국어 능력시험을 보다

   (3) 집을 사다/결혼하다

   (4) 이번 토요일/데이트하다

   (5) 동생/선물 주다

   (6) 노래방/노래를 부르다

2. '-는/(으)ㄴ데요'를 이용하여 다음 대화를 완성하세요. (请用"-는/(으)ㄴ데요"完成下列对话)

   (1) 가: 이번 주 토요일에 시간이 있어요?
      나: _____

电话

　(2) 가: 홍단 씨 지금 어디 있어요?
　　　나: _____
　(3) 가: 여보세요, 거기 왕 선생님의 댁이세요?
　　　나: _____
　(4) 가: 오늘 날씨가 너무 춥지요?
　　　나: _____
　(5) 가: 한국어 잘 하세요?
　　　나: _____
　(6) 가: 그 여학생은 누구예요?
　　　나: _____

3. 다음 상황에서 어떻게 남한테 도움을 청할 거예요? (下面的情况下你会怎样向别人寻求帮助呢)

> <보기> 사전을 안 가지고 왔습니다.
> 　　　　수미 씨, 사전 좀 빌려 주세요.

(1) 갑자기 비가 옵니다. 우산을 안 가지고 왔습니다.
_____

(2) 친구의 전화번호를 알고 싶습니다.
_____

(3) 커피를 마시고 싶습니다. 그렇지만 동전이 없습니다.
_____

(4) 일이 너무 많아서 고민 중입니다.
_____

(5) 친구한테 한국 노래를 배우고 싶습니다.
_____

(6) 선생님의 말씀을 못 들었습니다.
_____

4. '-로 가다/오다'를 이용하여 다음 대화를 완성하세요. (请用"-로 가다/오다"完成下面的对话)

(1) 가: 손님, 어디로 모셔 드릴까요?
나: _____

(2) 가: 수민 씨는 어디로 갔어요?
나: _____

(3) 가: 돈이 있으면 어디로 여행을 떠날 거예요?
나: _____

(4) 가: 서울대학교에 어떻게 가요?
나: _____

(5) 가: 성민 씨 오늘 아파서 학교에 안 왔어요.
나: _____

(6) 가: 수정 씨 아침에 짐을 들고 어디 갔어요?
나: _____

5. 다음 문장을 한국어로 번역하세요. (请把下面的句子翻译成韩语)

(1) 有时间的话, 愿意和我一起去看电影吗?

(2) 王浩什么时候去韩国呢?

(3) 成民结婚了? 我不知道啊。

6. 다음 문장을 중국어로 번역하세요. (请把下面的句子翻译成汉语)

(1) 가: 일주일 전에 이사했어요.
나: 그럼 새 전화번호 좀 가르쳐 주세요.

(2) 손님, 이쪽으로 따라 오시죠.

电话

(3) 가: 내일 뭐 할 거예요?
　　나: 친구하고 영화보러 갈 건데요. 왜요?

课外阅读

지금은 정보화 시대입니다. 매일 접하는 정보도 많고 또한 빠릅니다. 여기에는 통신 기술의 발달이 한 몫을 했습니다. 전화, TV, 인터넷 등이 보편화되고 일상화되었습니다. 특히 휴대 전화의 보급은 사람들의 생활을 아주 편리하게 해 주었습니다. 반면 개인의 사생활이 수시로 밖으로 노출되는 문제도 있습니다. 한국의 이동 통신 회사는 아주 많습니다. 요금 지불 방식도 다양해 고객이 원하는 대로 선택할 수 있습니다. 예를 들면 일정 구역 내에서 자주 사용하는 경우, 커플이나 가족끼리 많이 사용하는 경우, 휴대 전화로 전화를 많이 받는 경우, 낮에 휴대 전화를 많이 사용하는 경우 등에 따라 요금 지불 방식을 고릅니다. 요금은 사용 금액에 따라 한 달에 한 번씩 지불합니다.

补充词汇

김치찌개	[名]	炖泡菜
이메일 [E-mail]	[名]	电子邮件
곧	[副]	立刻, 马上
이따가	[副]	过一会儿, 待一会儿
조용하다	[形]	安静
싫다	[形]	讨厌, 不愿意
오른쪽	[名]	右边
입원하다 [入院]	[动]	住院

이쪽	[名]	这边
아저씨	[名]	叔叔
설명하다 [說明-]	[动]	说明
소설책 [小說冊]	[名]	小说
빌리다	[动]	借
영수증 [領收證]	[名]	发票
숙소 [宿所]	[名]	住的地方, 住所
동전 [銅錢]	[名]	硬币
모시다	[动]	陪, 侍奉
정보화 [情報化]	[名]	信息化
시대 [時代]	[名]	时代
접하다 [接-]	[动]	接壤, 濒临, 接触
통신기술 [通信技術]	[名]	通信技术
발달 [發達]	[名]	发达
몫	[名]	份
인터넷 [Internet]	[名]	互联网
보편화 [普遍化]	[名]	普遍化
일상화 [日常化]	[名]	日常化
보급 [普及]	[名]	普及
개인 [個人]	[名]	个人
사생활 [私生活]	[名]	私生活
수시 [隨時]	[名]	随时
노출하다 [露出-]	[动]	露出, 显出, 暴露, 泄露
이동 [移動]	[名]	移动, 转移
요금 [料金]	[名]	费用
지불 [支拂]	[名]	支付
방식 [方式]	[名]	方式
다양 [多樣]	[名]	多样
고객 [顧客]	[名]	顾客
원하다 [願-]	[动]	愿, 希望
일정 [一定]	[名]	一定

电话

구역 [區域]	[名]	区，区域
사용하다 [使用-]	[动]	使用
경우 [境遇]	[名]	情形，情况
커플 [couple]	[外]	情侣；双
끼리	[缀]	附在部分名词后面表示同类相聚或搭配

제14과 도서관에서
第十四课　在图书馆

重点语法
1. V·A-아/어/여야 하다/되다
2. V·A 관형형-N
3. V·A-(으)ㄹ 수 있다 / 없다
4. "ㄹ"的不规则音变

课 文

왕　호: 안녕하세요? 저는 08학번 신입생입니다. 도서관을 이용하려고 하는데 어떻게 해야 하죠?

직　원: 그러세요? 도서관 이용카드는 있나요?

왕　호: 아직 없는데요. 그건 어떻게 만듭니까?

직　원: 먼저 신청서를 써 내셔야 돼요.

왕　호: 예, 알겠습니다. 그 외에 더 필요한 것은 없습니까?

직　원: 사진 한 장과 학생증이 필요해요.

왕　호: 지금 신청하면 언제 나올 수 있죠?

직　원: 일 주일 후에 여기 와서 찾아가시면 돼요.

在图书馆

왕 호: 도서관은 몇 시에 엽니까?

직 원: 아침 8시에 열고 밤 10시에 닫습니다. 주말도 마찬가지예요.

왕 호: 도서관을 어떻게 이용할 수 있습니까?

직 원: 1층에는 도서관 사무실, 도서 정리실, 대출대, 검색대, 복사실 등이 있고 2층부터 4층까지는 도서실이에요. 여기에 들어 있는 책을 빌려 볼 수도 있어요. 5층은 정기 간행물실이고 6층부터는 자습실이에요.

왕 호: 정기 간행물실의 도서도 빌려 볼 수 있습니까?

직 원: 아니요, 그럴 수 없고요. 필요한 부분을 복사해서 쓸 수 있어요.

왕 호: 말씀 대단히 감사합니다.

직 원: 천만에요. 궁금한 것이 있으면 언제든지 물어 보세요. 그리고 다음 주에 도서관 이용카드 나오니까 잊지 마시고 찾아오세요.

왕 호: 예, 알겠습니다.

词汇

학번 [學番]	[名]	届, 级
신입생 [新入生]	[名]	新生
이용하다 [利用-]	[动]	使用, 利用
신청서 [申請書]	[名]	申请书
열다	[动]	开
닫다	[动]	关
마찬가지	[名]	一样
도서 정리실 [圖書整理室]	[名]	图书整理室
대출대 [貸出臺]	[名]	借书处
복사실 [複寫室]	[名]	复印室
정기 간행물 [定期刊行物]	[名]	定期刊物

제14과 도서관에서

잊다	[动]	忘记
천만에요	[感]	别客气
궁금하다	[形]	想知道，担心
대단히	[副]	非常，很

语　法

1. V·A-아/어/여야 하다/되다

惯用型。接在动词或形容词词干后，表示"应该""必须""一定"，在口语中常用"-아/어/여야 되다"。

例如：

(1) 가: 김성민 씨, 얘기 좀 합시다.
　　　金成民，我们聊聊吧。
　　나: 미안합니다. 저 약속이 있어서 지금 나가야 합니다.
　　　对不起，我还有约会，现在该走了。

(2) 가: 옷이 더 커야 돼요?
　　　衣服应该再大一点吗？
　　나: 옷이 더 커야 돼요.
　　　应该再大一点。

(3) 가: 몇 시까지 학교에 가야 됩니까?
　　　应该几点之前到学校？
　　나: 아침 아홉 시까지 가야 돼요.
　　　应该上午9点之前到。

(4) 가: 이번 토요일에 저희 집에 놀러 와요.
　　　这周六来我们家玩儿吧。
　　나: 미안해요. 다음 주 시험이 있어서 공부를 해야 해요.
　　　对不起，下周有考试，所以我要学习。

(5) 가: 어디까지 읽어야 합니까?
　　　应该读到哪里？

나: 30쪽까지 읽으세요.
请读到30页。

(6) 가: 시청은 어떻게 가야 해요?
市政府怎么走？
나: 동대문운동장에서 갈아타야 돼요.
应该在东大门运动场站换车。

2. V·A 관형형-N

动词、形容词词干后面接定语形式的连接词尾来修饰体词。

A（形容词）

词尾	形式	例	
元音, ㄹ	ㄴ	비싸다: 비싸 + ㄴ → 비싼 길다: 길 + ㄴ → 긴	예) 비싼 가방 예) 긴 머리
辅音	은	좋다: 좋 + 은 → 좋은 짧다: 짧 + 은 → 짧은	예) 좋은 사람 예) 짧은 치마

V（动词）

时态	词尾	形式	例	
现在	元音	는	가다: 가 + 는 → 가는	예) 내 앞에 가는 사람
	辅音	는	읽다: 읽 + 는 → 읽는	예) 지금 내가 읽는 신문
将来	元音	ㄹ	가다: 가 + ㄹ → 갈	예) 내일 같이 여행 갈 사람
	辅音	을	읽다: 읽 + 을 → 읽을	예) 내일 읽을 책을 골랐어요.
过去	元音	ㄴ	가다: 가 + ㄴ → 간	예) 벌써 집에 간 사람
	辅音	은	읽다: 읽 + 은 → 읽은	예) 이미 다 읽은 책입니다.

(1) 예쁜 소녀가 책을 읽고 있어요.
漂亮的小姑娘正在读书。
(2) 왕호는 벌써 점심을 먹은 것 같아요.
王浩好像已经吃完午饭了。
(3) 저는 눈 내린 설악산을 보고 싶어요.
我想看冰雪覆盖的雪岳山。

(4) 저기 가는 버스에 샐리가 타고 있어요.
    萨莉坐在那辆正行驶的公共汽车里。
(5) 가: 이번 방학에 여행을 갈 예정이에요.
       我这个假期打算去旅行。
    나: 여행 갈 장소는 정했어요?
       旅行的地点定了吗?
(6) 좀 전에 전화한 사람은 제 고등학교 동창입니다.
    刚才打电话的人是我高中同学。

3. V·A-(으)ㄹ 수 있다 / 없다

惯用型。接于谓词后表示可能性或能力,类似于汉语的"可能""能够"。

能,可能		不能,不可能	
元音结尾	辅音结尾	元音结尾	辅音结尾
-ㄹ 수 있다	-을 수 있다	-ㄹ 수 없다	-을 수 없다
가다 → 갈 수 있다	먹다 → 먹을 수 있다	가다 → 갈 수 없다	먹다 → 먹을 수 없다

(1) 냉면을 먹을 수 있습니까?
    你能吃冷面吗?
    네, 냉면을 먹을 수 있습니다.
    是的,我能吃冷面。
(2) 한국말로 이야기할 수 있습니까?
    你能用韩语说吗?
    아니요, 한국말로 이야기할 수 없습니다.
    不,我不会用韩语说。
(3) 가: 성민 씨, 오늘 수업 후에 같이 당구 칠 수 있어요?
       成民,今天下课后可以一起打台球吗?
    나: 미안해요, 같이 당구 칠 수 없어요. 약속이 있습니다.
       对不起,不能一起打台球了,我有约会。
(4) 가: 왕호 씨, 서울에서도 운전할 수 있어요?
       王浩,在首尔也能开车吗?

나: 아니요, 못 해요. 서울은 너무 위험해서 운전할 수 없어요.
不,不能。首尔车多,太危险,我不能开车。

(5) 가: 왕호 씨, 우리가 처음 만나서 간 곳을 기억할 수 있어요?
王浩,你还记得我们第一次见面去的地方吗?

나: 물론이죠. 같이 경복궁에 갔어요.
当然,一起去景福宫了。

(6) 가: 여기서 담배를 피울 수 있어요?
这里可以抽烟吗?

나: 아니요, 여기는 금연석이니까 담배 피우시면 안 됩니다.
不,这里是禁烟区,所以不能抽烟。

4. 'ㄹ'的不规则音变

词干以ㄹ结尾的部分谓词后,与"ㄴ""ㅂ""ㅅ"相接时,收音"ㄹ"脱落。

例如:

살다+ ㅂ니다 → 삽니다.

살+ 십니다 → 사십니다.

살+ 는 → 사는(사람)

这类词汇还有:알다, 길다, 만들다, 멀다, 달다, (돈을) 벌다, 들다, 팔다, 졸다 等。

例如:

(1) 어디에 사세요?
您住哪儿?
하숙집에서 삽니다.
住在寄宿的民居里。

(2) 저는 단 음식을 좋아합니다.
我喜欢吃甜食。

(3) 가: 시험 때문에 많이 힘드시지요?
因为考试很辛苦吧?
나: 네, 좀 힘듭니다.
是的,有点。

(4) 저기 긴 치마를 입고 있는 사람이 누구예요?

那边穿长裙子的人是谁?

(5) 서울에서 부산까지 얼마나 멉니까?

从首尔到釜山远吗?

(6) 저 사람은 아는 사람이에요?

那个人你认识吗?

练 习

1. '-아/어/여야 하다/되다'를 이용하여 다음 대화를 완성하세요. (请用"-아/어/여야 하다/되다"完成下面的对话)

   (1) 가: 내일 언제 사무실에 가면 돼요?

   나: _____

   (2) 가: 성민 씨, 우리 얘기 좀 해요.

   나: 미안해요. _____

   (3) 가: 많이 먹어서 배가 아픕니다.

   나: _____

   (4) 가: 요즘 많이 피곤합니다.

   나: _____

   (5) 가: 어떡해요? 버스에 가방을 두고 내렸어요.

   나: _____

   (6) 가: 어머니께서 화가 나셨어요.

   나: _____

   (7) 가: 열이 나고 기침도 많이 합니다.

   나: _____

在图书馆

2. '(으)ㄴ/는'을 사용하여 다음 두 문장을 하나로 연결하세요. （请用 "(으)ㄴ/는"将两个句子连接成一个句子）

<보기> 요즘 봄 옷을 사다. 사람이 많아요.
→ 요즘 봄 옷을 사는 사람이 많아요.

(1) 날마다 만나다. 그 남자가 애인이에요.
_____

(2) 매일 아침 먹다. 음식은 누가 만들어요?
_____

(3) 대학생들이 잘 입다. 그 옷은 청바지이다.
_____

(4) 금년에 유행하다. 그 색깔이 검정과 흰색이다.
_____

(5) 그 영화를 보고 울었어요. 사람이 많습니다.
_____

(6) 그 여자는 언제나 웃습니다. 얼굴입니다.
_____

3. 관형형으로 빈 칸을 채우세요. （请用定语形式填空）

(1) 나는 _____ 사람을 좋아해요.
(2) 나는 _____ 음식을 잘 먹어요.
(3) 아까 복도에서 _____ 노래의 제목이 뭐예요?
(4) 다음 주 소풍을 _____ 사람은 손을 들어 보세요.
(5) _____ 음식을 많이 먹으면 건강에 안 좋아요.
(6) 이 선생님 옆에 _____ 사람은 누구예요?
(7) 내일 _____ 옷이 없어서 고민이네요.

제14과 도서관에서　131

4. 다음 주어진 단어의 정확한 형식으로 문장을 완성하세요. (请用给出单词的正确形式完成下面的句子)

살다 알다 풀다 만들다 놀다 길다 들다 벌다 졸다

(1) 저는 여기서 _____ 사람이 별로 없어요.
(2) 저쪽에 머리가 _____ 여학생을 알아요?
(3) 저는 대도시에서 _____ 것이 좋아요.
(4) 점심 시간에 우리 게임을 했습니다. 그래서 오후 수업시간에 _____ 학생이 많았습니다.
(5) 세상에 제일 맛있는 음식은 어머니가 _____ 음식입니다.
(6) 아르바이트를 해서 _____ 돈으로 부모님께 선물을 사 드렸어요.
(7) 어제 이사를 해서 지금은 무척 힘이 _____.
(8) 엄마, 제발 화 좀 _____ 세요.
(9) 저기 운동장에서 _____ 아이들이 정말 귀여워요.

5. '-(으)ㄹ 수 있다/없다'를 이용하여 대화를 완성하세요. (请用"-(으)ㄹ 수 있다/없다"完成下面的对话)

(1) 가: _____
　　나: 미안해요. 나는 내일 약속이 있어요.
(2) 가: 김치찌개 끓였는데요. _____
　　나: 네, 전 김치찌개 잘 먹어요.
(3) 가: _____
　　나: 예, 어떻게 도와드릴까요?
(4) 가: 이 길로 시청에 갈 수 있을까요?
　　나: 아니요, _____
(5) 가: 우리 한국말로 얘기할까요?
　　나: 죄송해요. _____
(6) 가: 우리 여기서 사진 한 장 찍읍시다.
　　나: _____

在图书馆

● **6. 다음 문장을 한국어로 번역하세요.** （请把下面的句子翻译成韩语）

(1) 我会说韩国语,但是不会日语。

(2) 考试之前应该好好准备。

(3) 今天太热了,请把窗打开吧。

● **7. 다음 문장을 중국어로 번역하세요.** （请把下面的句子翻译成汉语）

(1) 시간이 얼마 안 남았어요. 시험 문제를 빨리 푸십시오.

(2) 태권도를 배운 학생이 모두 몇 명이 있어요?

(3) 이 둘 중에서 어떤 옷이 더 마음에 들어요?

● **8. 다음 상황에 따라 대화를 만들어 보세요.** （请根据下列情景编写对话）

(1) 내일 학교에 못 갑니다. 담임 선생님께 전화드렸는데 집에 선생님 아드님만 있었습니다. 그래서 선생님의 핸드폰 번호를 알아보고 직접 핸드폰으로 전화했습니다.

(2) 대한 항공에 전화를 해서 비행기표를 예약하세요.

课外阅读

서당

여러분은 '서당(書堂)'이라는 말을 들어본 적이 있습니까?

　서당은 지금과 같은 학교가 없었을 때 글을 배우던 글방입니다. 이 글방에는 훈장님이라고 하는 선생님이 글은 물론이고 예의범절까지도 가르쳐 주었습니다. 아이가 보통 만 6-7세가 되면 집 근처의 서당에서 글을 배웠습니다. 이 때 아이가 서당에 들어가 처음 배우는 책이 한자 1,000자를 익히는 천자문(千字文)이라는 책이었습니다. 물론 이 책은 아직 6-7세밖에 안 된 어린 아이에게는 좀 벅차고 힘든 책이지요. 그래서 이 책을 다 배우고 나면 이를 축하해 주기 위해서 부모가 떡, 술, 고기를 마련해 갑니다. 이러한 풍습을 '책거리' 또는 '책씻이'라고 했습니다.

　책거리는 어린 아이들을 가르치느라고 수고하신 훈장님의 노고에 감사 드리고 아이들을 격려하기 위한 잔치였습니다. 책거리를 통해서 훈장님께는 감사의 뜻을, 아이들에게는 칭찬을 표현할 수 있었습니다. 이러한 풍습은 아직도 남아 있어 어려운 책을 끝내면 책거리를 하기도 합니다.

补充词汇

얘기하다	[动]	聊天
나가다	[动]	出去
놀다	[动]	玩儿
동대문운동장 [東大門運動場]	[名]	东大门运动场
짧다	[形]	短
소녀 [少女]	[名]	少女
벌써	[副]	已经
눈이 내리다	[词组]	下雪
장소 [場所]	[名]	场所,地点

在图书馆

정하다 [定-]	[动]	定,决定
고등학교 [高等學校]	[名]	高中
동창 [同窓]	[名]	同学
당구 [撞球]	[名]	台球
치다	[动]	打(球)
운전하다 [運轉-]	[动]	开车,驾驶
위험하다 [危險-]	[形]	危险
기억하다 [記憶-]	[动]	记忆,记住
금연석 [禁煙席]	[名]	禁烟席,禁烟专座
물론	[副]	当然
만들다	[动]	做,制作
멀다	[形]	远
벌다	[动]	挣(钱)
들다	[动]	举,拿
팔다	[动]	卖
졸다	[动]	困
하숙집 [下宿-]	[名]	寄宿的家
치마	[名]	裙子
화가 나다	[词组]	生气
열이 나다	[词组]	发烧
기침	[名]	咳嗽
대답하다 [對答-]	[动]	回答
청바지 [靑-]	[名]	牛仔裤
유행하다 [流行-]	[动]	流行
검정	[名]	黑色
흰색 [-色]	[名]	白色
복도 [複道]	[名]	走廊
손을 들다	[词组]	举手
제발	[副]	一定,千万
끓이다	[动]	煮
항공 [航空]	[名]	航空
대한항공 [大韓航空]	[名]	大韩航空

제14과 **도서관에서**

아시아나항공 [Asiana航空]	[名]	韩亚航空
글방	[名]	书房,学堂
예의범절 [禮儀凡節]	[名]	礼节
한자 [漢字]	[名]	汉字
벅차다	[形]	吃力;洋溢
마련하다	[动]	准备,置
노고 [勞苦]	[名]	辛苦,劳苦
격려하다 [激勵-]	[动]	激励,鼓励

제15과 식당에서
第十五课 在餐厅

重点语法
1. V·A-(으)니까
2. V·A-(으)ㄹ 것 같다
3. A词干-게
4. V·A-네요
5. V-(으)ㄹ게요
6. V·A-(으)ㄴ 적이 있다 / 없다

课文

김성민: 오늘은 제가 저녁을 사겠어요.
왕 홍: 오늘 무슨 날이에요?
김성민: 네, 오늘 제가 아르바이트 월급을 받았거든요. 그래서 저녁을 사고 싶어요.
왕 홍: 그래요? 배 고프니까 빨리 식당에 가요.

<식당에서>
종업원: 어서 오세요. 여기 앉으세요. 무엇을 드릴까요?
김성민: 무엇을 드시겠어요?
왕 홍: 이 식당에서 무슨 음식을 제일 잘 합니까?

종업원: 삼계탕이 제일 유명합니다. 잡수신 적이 있으세요?
왕 홍: 아니요, 아직 못 먹어 봤어요.
김성민: 그럼 한번 잡숴 보세요. 저는 찌개를 먹고 싶으니까 김치찌개를 먹겠어요. 아주머니, 여기 삼계탕하고 김치찌개 각각 1인분씩 주세요.
종업원: 여기 있습니다. 맛있게 드세요.
같 이: 감사합니다.
김성민: 식기 전에 빨리 듭시다. 왕홍 씨, 소금을 좀 넣어서 드세요.
왕 홍: 정말 맛있네요.
김성민: 이건 여름철에 많이 먹는 음식이거든요. 건강에도 좋고요.
왕 홍: 집에서도 쉽게 해 먹을 수 있을 것 같아요.
오늘 김성민 씨 덕분에 정말 잘 먹었습니다.
김성민: 저도 오랜만에 잘 먹었어요. 왕홍 씨는 한국음식이 입에 맞으세요?
왕 홍: 예, 저는 한국음식을 너무 좋아해요. 나중에 제가 김성민 씨한테 맛있는 중국 음식을 사 드릴게요.
김성민: 좋아요.

词汇

식당 [食堂]	[名]	食堂, 饭店
아르바이트 [arbeit]	[外]	打工
월급 [月給]	[名]	工资
고프다	[形]	饥饿
삼계탕 [蔘鷄湯]	[名]	参鸡汤
유명하다 [有名-]	[形]	有名
1인분 [人份]	[名]	1份
소금	[名]	盐

在餐厅

여름철	[名]	夏季
덕분	[名]	常以"덕분에"的形式表示"幸亏""托福"
오랜	[冠]	好久，很长时间
입에 맞다	[词组]	合口味
나중	[名]	以后

语 法

1. V·A-(으)니까

连接词尾，接于谓词后，表示原因和理由，可解释为"因为……所以……"，多用于命令句、共动句和祈使句之中。

(1) 늦었으니까 택시를 타고 가세요.
　　时间太晚了，坐出租走吧。

(2) 내일 시험이 있으니까 공부하세요.
　　明天有考试，请好好学习。

(3) 비가 오니까 창문을 닫아 주세요.
　　下雨了，请把窗子关上。

(4) 날씨가 좋으니까 소풍하러 나갑시다.
　　天气很好，一起去郊游吧。

(5) 배 고프니까 빨리 밥을 먹읍시다.
　　肚子饿了，咱们快吃吧。

(6) 가: 저녁에 영화를 볼까요?
　　　　晚上看电影怎么样？
　　나: 오늘은 바쁘니까 내일 봅시다.
　　　　今天有点忙，明天看吧。

(7) 어제는 밥을 먹었으니까 오늘은 빵을 먹을까요?
　　昨天吃了米饭，今天吃面包怎么样？

(8) 이소라 씨는 친절하니까 사람들이 좋아할 거예요.
　　李素罗很亲切，大家会喜欢她的。

2. V·A-(으)ㄹ 것 같다

接在谓词词干后,表示推测。谓词词干无收音用"ㄹ 것 같다"("ㄹ"的不规则动词除外),有收音用"을 것 같다",类似于汉语的"也许、可能、好像要……似的""大概"等意思。

(1) 내일은 비가 올 것 같아요.
　　明天可能要下雨。
(2) 사장님은 다음 주에 돌아오실 것 같아요.
　　社长可能下周要回来。
(3) 집에 아무도 없을 것 같아요.
　　家里好像一个人也不会有。
(4) 다음 달에는 약속이 많아서 바쁠 것 같아요.
　　下个月约会很多,可能很忙。
(5) 오늘 제임스가 일찍 집에 갈 것 같아요.
　　今天詹姆斯可能早点回家。
(6) 다음 주말쯤 졸업 사진을 찍을 것 같아요.
　　下周好像要照毕业照。
(7) 저 가수는 청소년들에게 인기가 많을 것 같아요.
　　那个歌手好像在青少年中很有人气。

动词、形容词将来时	-(으)ㄹ 것 같다	내일 비가 올 것 같아요. 明天要下雨。 아이가 크면 예쁠 것 같아요. 孩子长大就会漂亮的。
动词现在时	-는 것 같다	그 아이는 잘 먹는 것 같아요. 那个孩子好像胃口很好。 그 분은 회사에 가는 것 같아요. 他好像是在去公司的路上。
动词过去时	-(으)ㄴ 것 같다	어제 너무 먹은 것 같아요. 昨天好像吃得太多了。 오늘 회사에 안 간 것 같아요. 今天好像没去公司。

形容词现在时	-(으)ㄴ 것 같다	오늘 아주 예쁜 것 같아요. 今天感觉很漂亮。 기분이 아주 좋은 것 같아요. 心情好像很好。

3. A词干-게

接在形容后面，将形容词转变为副词形，在句子中起修饰作用。"빨리""높이"之类的副词是独立的单词，而像"빠르게""높게"等从形容词派生的副词形不是独立的词汇。所以当存在与形容词相对应的副词时，常常使用副词，而不使用形容词的副词形。

例如：

귀엽다 → 귀엽게 생겼어요.
可爱　　长得可爱。

빠르다 → 빨리 가십시오.
快　　　快走。

많다 → 손님이 많이 올 겁니다.
多　　会有很多客人来。

(1) 이성민 씨의 여자 친구가 예쁘게 생겼어요.
　　李成民的女朋友长得很漂亮。

(2) 머리를 짧게 잘라 주세요.
　　给我把头发剪短一点。

(3) 어머니는 항상 김치찌개를 맛있게 만들어 주셨어요.
　　母亲总是把泡菜汤做得很好吃。

(4) 어제 늦게까지 컴퓨터를 해서 오늘 아침에 늦게 일어났어요.
　　因为昨天晚上玩电脑到很晚，所以今天早上起得很晚。

(5) 어제 친구들과 재미있게 보냈어요.
　　昨天和朋友们一起过得很愉快。

(6) 지난 학기 수업이 너무 많아서 바쁘게 지냈어요.
　　上个学期课太多，所以过得很忙碌。

4. V·A-네요

终结词尾。接于谓词后,表示对已知事实内容的感叹,与"는군요"意思和用法相同。"는군요"更正式一些,多用于正式场合。

(1) 제임스 씨는 한국말을 정말 잘하시네요.
　　詹姆斯韩语说得真好!
(2) 사유리 씨는 키가 아주 크시네요.
　　小百合个子真高!
(3) 오늘도 학교에 일찍 오셨네요.
　　今天也这么早来学校啊!
(4) 오늘은 날씨가 참 좋네요.
　　今天天气真好!
(5) 이소라 씨는 한복이 참 잘 어울리시네요.
　　李素罗穿韩服真好看!
(6) 서양 음식이 그렇게 좋다면 유럽 여행을 가도 전혀 문제가 없겠네요.
　　那么喜欢西餐的话,去欧洲旅游肯定不会有问题。

5. V-(으)ㄹ게요

终结词尾。接在动词词干后,表示说话者的意图或者说话者对听话者的承诺,又表示说话者征求听话者的许可。动词词干开音节("ㄹ"的不规则动词除外)用"ㄹ게요",闭音节用"을게요"。

(1) 저는 방에서 책을 읽을게요.
　　我在房间里读书。
(2) 내일 꼭 올게요.
　　明天一定来。
(3) 오늘은 그만 할게요.
　　今天不做了。
(4) 왕호씨, 미안하지만 자전거 좀 빌릴게요.
　　王浩,不好意思借我自行车用一下吧。
(5) 괜찮으시면 저는 내일 집에서 쉴게요.
　　可以的话我明天在家休息了。
(6) 제가 언제 밥 한번 살게요.
　　有机会请你吃饭。

在餐厅

6. V·A-(으)ㄴ 적이 있다 / 없다

惯用型。接在动词词干后,表示曾经有过此事或没有过此事,类似于汉语的"……过"。动词词干闭音节("ㄹ"的不规则动词除外)用"은 적이 있다/없다",开音节用"ㄴ 적이 있다/없다"。

接在形容词词干后,表示惊讶或感叹。形容词词干闭音节("ㄹ"的不规则动词除外)用"은 적이 있다/없다",开音节用"ㄴ 적이 있다/없다"。

例如:

(1) 한국에 온 지 1년이 넘었지만 제주도에 간 적이 없어요.
　　来韩国一年多了,但没去过济洲岛。

(2) 이렇게 매운 음식은 먹어 본 적이 없어요.
　　我没吃过这么辣的菜。

(3) 소라 씨처럼 예쁘고, 친절한 여자는 만나 본 적이 없어요.
　　我从没见过像素罗这样又漂亮又亲切的女孩。

(4) 오늘처럼 기분이 좋은 적이 없습니다.
　　从没像今天这么高兴过。

(5) 올해 가을처럼 하늘이 맑은 적이 없습니다.
　　天气从没有像今年秋天这么晴朗过。

(6) 그 분은 어떠한 경우에도 화를 낸 적이 없어요.
　　那个人不管什么情况下都没发过火。

练 习

1. '-(으)니까'를 이용하여 다음 대화를 완성하세요. (请用"-(으)니까"完成下面的对话)

(1) 가: 어디에 갈까요?
　　나: _____

(2) 가: 우리 무엇을 탈까요?
　　나: _____

제15과 식당에서

(3) 가: 무슨 영화를 볼까요?
    나: _____

(4) 가: 머리가 아파요.
    나: _____

(5) 가: 다음 주에 시험이 있어요.
    나: _____

(6) 가: 뭘 마실까요?
    나: _____

2. '-것 같다'를 이용하여 다음 문장을 완성하세요. （请用"-것 같다"完成下面的句子）

(1) 하늘에 먹구름이 많습니다.
_____

(2) 성준 씨는 항상 학교에 일찍 옵니다.
_____

(3) 집에 전화했습니다. 그렇지만 아무도 안 받았습니다.
_____

(4) 소라 씨는 목소리가 좋습니다.
_____

(5) 두 사람은 항상 같이 다닙니다.
_____

(6) 성준 씨는 수업 시간에 계속 잡니다.
_____

(7) 왕홍 씨는 계속 웃습니다.
_____

3. 'A-게'를 이용하여 다음 대화를 완성하세요. （请用"A-게"完成下面的对话）

(1) 가: 성준 씨, 요즘도 바빠요?
    나: _____

在餐厅

(2) 가: 선생님, 잘 안 들립니다. _____
　　나: 네, 알겠습니다.
(3) 가: 주말 어떻게 지냈어요?
　　나: _____
(4) 가: 소라 씨는 음식을 잘 만들어요?
　　나: _____
(5) 가: 방이 너무 더럽습니다. _____
　　나: 네, 알겠습니다.
(6) 가: 주말에도 이렇게 일찍 일어나세요?
　　나: _____
(7) 가: 어제 날씨가 어땠어요?
　　나: _____

4. '-네요'를 이용하여 다음 대화를 완성하세요. （请用"-네요"完成下面的对话）

(1) 가: 이소라 씨의 새 집에 가 봤어요?
　　나: 예, _____
(2) 가: _____
　　나: 예, 날씨가 이렇게 좋으니까 우리 소풍 갈까요?
(3) 가: _____
　　나: 예, 성준 씨는 아버지를 닮아서 잘 생겼어요.
(4) 가: _____, 우리 다음에 또 와요.
　　나: 설악산의 경치는 세계적으로도 유명해요.
(5) 가: _____
　　나: 그래요? 그럼 많이 드세요.
(6) 가: _____
　　나: 아직 멀었어요. 한국어를 더 열심히 해야 돼요.
(7) 가: 한국 음식이 어때요?
　　나: _____

제15과 **식당에서** 145

5. 보기와 같이 다음 문장을 완성하세요. (仿照例子完成句子)

<보기> 건강에 나쁘면 – 건강에 나쁘면 담배를 안 피울게요.

(1) 나와 결혼해 주면 _____
(2) 새해가 되면 _____
(3) 내가 대통령이 되면 _____
(4) 내가 선생님이 되면 _____
(5) 엄마가 내가 공부를 열심히 하는 모습을 좋아하시면 _____
_____
(6) 한국에 유학가면 _____
(7) 방학이 되면 _____

6. 친구와 같이 이야기 하세요. (请与朋友一起进行下面的对话)

(1) 한국 음식을 먹은 적이 있어요?
_____

(2) 여행 간 적이 있어요?
_____

(3) 한국 친구 사귄 적이 있어요?
_____

(4) 짝사랑을 한 적이 있어요?
_____

(5) 상을 받은 적이 있어요?
_____

(6) 한국 영화를 본 적이 있어요?
_____

(7) 다이어트 한 적이 있어요?
_____

在餐厅

7. 다음 문장을 한국어로 번역하세요. （将下面的句子翻译成韩语）

(1) 你见过他这么努力吗?

(2) 明天我在家里等你。

(3) 成民今天没来学校,好像有什么事情。

8. 다음 문장을 중국어로 번역하세요. （将下面的句子翻译成汉语）

(1) 나는 김치가 매워서 못 먹으니까 우리 김치찌개 시키지 맙시다.

(2) 이소라 씨는 이렇게 화낸 적이 없어요.

(3) 수민 씨 웃는 모습이 정말 예쁘네요.

课外阅读

한국 식당은 중국 식당과 달리 전문화되어 있는 것이 특징입니다. 중국 식당은 그 식당의 특색 메뉴가 있어도 보통 다른 일반 요리도 다 함께 경영합니다. 그러나 한국 식당은 이와 대조적입니다.

한국 식당은 양식, 일식, 중식, 한식 식당으로 대별됩니다. 그러나 한식 식당은 또 세분화할 수 있습니다. 예를 들면 한정식, 삼계탕집, 불고기 전문점, 칼국수집, 두부 전문 요리점, 찌개 전문집, 돌솥비빔밥 전문점, 해물탕 전문점, 함흥 냉면집 등이 있습니다. 그래서 한국에서는 식사하러 가기 전에 먼저 어떤 음식을 먹을 것인지를 정해야 합니다.

한국 식당은 중국 식당과 달리 한 가지 음식을 시켜도 식사가 가능합니다. 예를 들면 김치찌개 하나를 시켜도 밑반찬이 같이 나오기 때문입니다.

보통 밑반찬으로 서너 가지가 나오기 때문에 찌개 하나만으로도 식사가 충분합니다. 물론 밥도 같이 나옵니다. 그러나 김치찌개 하나 값에 밥과 밑반찬 값까지 다 포함되어 있는 것입니다. 식사하다 밑반찬이 모자라면 더 달라고 하면 됩니다. 한국 식당에서는 음식 쓰레기를 줄이기 위해 양이 조금씩 나오기 때문에 모자라면 리필이 가능합니다.

　한국과 중국의 식당 문화가 다르기 때문에 중국에 처음 오는 한국 사람들은 당혹스러워합니다. 한국과 같은 것으로 생각하고 식당에 들어가서 볶음밥 하나만 시킵니다. 그리고 밑반찬이 나오기를 기다리다가 시킨 밥 하나만 나오니 밥만 먹을 수 없어 다시 요리를 추가 주문하기도 합니다.

补充词汇

한국어	품사	중국어
늦다	[形]	晚
창문 [窓門]	[名]	窗
소풍 [消風]	[名]	郊游
아무도 없다	[词组]	一个人也没有，没人
사장님 [社長-]	[名]	社长
청소년 [靑少年]	[名]	青少年
인기가 많다	[词组]	很有人气，人气很旺
귀엽다	[形]	可爱
빠르다	[形]	快
항상 [恒常]	[副]	总是
지난 학기	[词组]	上个学期
키가 크다	[词组]	个子高
한복 [韓服]	[名]	韩服
어울리다	[动]	合适，适合
서양 음식 [西洋飮食]	[词组]	西餐
전혀 [全-]	[副]	全然，完全
넘다	[动]	超过，过
하늘	[名]	天，天空
맑다	[形]	清澈，明亮

在餐厅

화를 내다	[词组]	发脾气
경우 [境遇]	[名]	境遇, 情形
먹구름	[名]	黑云, 乌云
목소리	[名]	嗓音
들리다	[动]	听见("듣다"的被动形和使动形)
더럽다	[形]	脏
닮다	[动]	长得像
세계적 [世界的]	[名、冠]	世界上, 世界范围内
새해	[名]	新年
대통령 [大統領]	[名]	总统
모습	[名]	样子, 模样
사귀다	[动]	交往
짝사랑	[名]	单恋
다이어트 [diet]	[名]	减肥
돌솥비빔밥	[名]	石锅拌饭
메뉴 [menu]	[外]	菜单
양식 [洋食]	[名]	西餐
대별되다 [大別-]	[动]	区别, 有大的区别
세분하다 [細分-]	[动]	细分
한정식 [韓定食]	[名]	韩国套餐
칼국수	[名]	刀削面
해물탕 [海物湯]	[名]	海鲜汤
밑반찬	[名]	小菜, 配菜
리필 [refill]	[外]	续杯, 加量
당혹스럽다 [當惑-]	[形]	慌张, 迷惑
볶음밥	[名]	炒饭
주문하다 [注文-]	[动]	点, 订, 订购

제16과 길 묻기
第十六课 问路

重点语法
1. V-다가
2. N-(으)로
3. V-는데/A-(으)ㄴ데
4. V-지 마세요
5. V·A-거든요

课 문

(1)

왕룽: 실례합니다. 저기가 한국은행이 맞습니까?

행인: 저기는 한국은행이 아닙니다.

왕룽: 그러면 한국은행은 어디에 있습니까?

행인: 이 길로 가다가 사거리가 나오면 오른쪽으로 가십시오. 지하철 역이 있습니다. 그 지하도를 건너면 바로 한국은행입니다.

왕룽: 여기에서 한국은행까지 멀어요?

问路

행인: 아니요, 멀지 않습니다.
왕룽: 감사합니다.

(2)

왕 홍: 이소라 씨, 명동에 가려고 하는데 버스가 좋을까요? 아니면 지하철이 좋을까요?
이소라: 버스를 타지 말고 지하철로 가세요. 지하철이 빠르고 좋거든요.
왕 홍: 지하철은 몇 호선을 타야 합니까?
이소라: 지하철은 4호선을 타야 해요. 혜화역이 4호선 역이니까 갈아타지 않아요.
왕 홍: 버스는 가지 않습니까?
이소라: 성균관대학교에서 명동까지 버스는 두 번 갈아타야 해요.
왕 홍: 알겠습니다. 그럼 지하철로 가겠어요.
이소라: 왕홍 씨, 무슨 일이 있어요? 왜 명동에 가세요?
왕 홍: 내일이 김성민 씨 생일이에요. 그래서 선물을 사고 싶어요. 명동에 같이 갈까요?
이소라: 미안해요. 같이 가고 싶지만 오후에 약속이 있어요.
왕 홍: 괜찮습니다. 그러나 내일은 생일 파티가 있으니까 꼭 오세요.
이소라: 알겠습니다. 내일 꼭 가겠어요.

词汇

사거리 [四-]	[名]	十字路口
지하도 [地下道]	[名]	地下通道
건너다	[动]	过,越过,跨过
-호선 [-號線]	[名]	……号线
혜화역 [惠化驛]	[名]	惠化站

제16과 길 묻기 151

성균관 [成均館]	[名]	成均馆
생일 파티 [生日 party]	[词组]	生日宴会
명동 [明洞]	[地名]	明洞
갈아타다	[动]	换乘

语 法

1. V-다가

连接词尾。接在动词词干后面，表示一个动作或状态进行或保持的过程中转为另一个动作或另一种状态。

(1) 집에 가다(가) 친구를 만났어요.
　　回家的时候见到了朋友。

(2) 길을 걷다가 문득 이소라 씨가 생각이 났어요.
　　在路上走的时候突然想起了李素罗。

(3) 김성민 씨는 책을 읽다가 잠이 들었습니다.
　　金成民读着读着书就睡着了。

(4) 샤워를 하다가 친구 전화를 받았어요.
　　洗澡的时候接了朋友的电话。

(5) 똑바로 가시다가 저기 사거리에서 오른쪽으로 가세요.
　　一直向前走，到那边十字路口再向右拐。

(6) 하늘이 맑다가 갑자기 흐려졌습니다.
　　天空晴着，突然又阴了起来。

*以"동사과거형(動詞過去形) + 다가"这一种形式出现时，表示前面的动作或状态完成之后转向另一个动作或状态。

(7) 회사에 갔다가 돌아왔어요.
　　去了趟公司又回来了。

(8) 보고서를 작성했다가 찢어 버렸어요.
　　写完报告，又撕了。

问路

2. N-(으)로

格助词,用于名词后,表示手段、工具、材料等。

(1) 책을 찾기 위해서, 먼저 컴퓨터로 책을 검색했다.
 为了找书,首先用电脑检索了一下。

(2) 숙제를 하고 나서 도서관에 있는 컴퓨터로 고향에 계신 부모님께 이메일을 보냈다.
 做完作业,用图书馆的电脑给故乡的父母发了电子邮件。

(3) 한국어를 잘하기 위해서는 한국어로 일기를 쓰면 좋습니다.
 为了学好韩国语,最好用韩语写日记。

(4) 시험 볼 때는 검정색 볼펜으로 쓰면 좋습니다.
 考试的时候,最好用黑色圆珠笔答题。

(5) 길이 많이 막히니까 버스로 가지 말고 지하철로 가요.
 路上堵车堵得厉害,别坐公共汽车坐地铁去吧。

(6) 문제를 대화로 해결합시다.
 咱们用对话解决问题吧。

3. V-는데; A-(으)ㄴ데

连接词尾。连接上一句内容,表示原因或条件、提示,也表示转折。

(1) 오늘 날씨가 좋은데 드라이브나 합시다.
 今天天气这么好,一起去兜风吧。

(2) 이 음식은 싱거운데 소금을 더 넣어 주세요.
 这个菜太淡了,再给放点盐吧。

(3) 지금은 바쁜데 이따가 전화해 주세요.
 现在很忙,一会儿再给我打电话吧。

(4) 비도 오는데 술이나 한잔 합시다.
 下雨了,我们一起喝杯酒吧。

(5) 왕호 씨는 뚱뚱한데 아주 빨리 달리네요.
 王浩很胖,但跑得非常快。

(6) 약을 먹는데 병이 낫지 않네요.
　　吃了药，但病还是没好。

4. V-지 마세요.

终结词尾。用在动词词干后，表示禁止或劝阻，有汉语"请不要……"的意思。与命令形词尾连用时，变为"-지 맙시다(말아요)"或"-지 말고… -(으)십시오/ㅂ시다"。

(1) 여기서 담배를 피우지 마십시오.
　　请不要在这里抽烟。
(2) 내일은 혜화역으로 가지 마세요.
　　明天请不要去惠华站。
(3) 너무 늦게 전화하지 말아요.
　　请不要太晚打电话。
(4) 저를 기다리지 마시고 먼저 가세요.
　　请不要等我，你们先走吧。
(5) 술을 마시고 운전하지 마세요.
　　请不要酒后驾车。
(6) 내일은 좀 바쁩니다. 내일 가지 말고 모레 갑시다.
　　明天有点忙，明天别去了，后天去吧。

5. V·A-거든요

终结词尾。通常接在谓词词干的后面，表示回答前面的问题或者表示前面内容的理由等，也可以表示对后面内容的提示。

(1) 저기 은행 하나 있거든요. 그러니까 거기 가서 돈을 찾으세요.
　　那边有个银行。去那边取钱吧。
(2) 가: 왜 항상 식사 때 김치를 먹어요?
　　　 为什么吃饭的时候总吃泡菜？
　　 나: 난 밥 먹을 때 꼭 김치 반찬이 있어야 하거든요.
　　　 因为我吃饭的时候一定要有泡菜。

(3) 가: 한국말을 잘하시는군요.
　　　韩国语说得很好啊。
　　나: 네, 한국에 와서 1년 동안 한국말을 공부했거든요.
　　　是啊, 因为来韩国学了一年韩国语。

(4) 가: 오늘 오후에 만날 수 있어요?
　　　今天下午能见面吗?
　　나: 오늘은 오후는 안 될 것 같아요. 선약이 있거든요.
　　　今天下午恐怕不行, 因为已经有约会了。

(5) 가: 오늘은 피곤해 보이네요?
　　　今天看起来很疲倦啊。
　　나: 네, 어젯밤에 모기 때문에 잠을 못 잤거든요.
　　　是啊, 昨天晚上因为蚊子没睡好。

(6) 가: 왜 항상 이 옷만 입어요?
　　　为什么总是穿这件衣服?
　　나: 네, 저는 이 옷이 제일 편하거든요.
　　　是啊, 因为这件衣服最舒服。

练 习

1. '-다가'를 이용하여 다음 대화를 완성하세요. (请用"-다가"完成下面的对话)

　(1) 저기, 실례하지만, 성균관대학교에 어떻게 갑니까?

　(2) 철수 씨, 운동을 계속했어요?

　(3) 아까 집에서 뭐 했어요?

(4) 수민 씨하고 약속하고 만났어요?
　　아니요, _____
(5) 요즘 날씨가 참 이상하지 않아요?
　　그러네요. _____
(6) 성준 씨, 계속 서울에서 살았어요?
　　_____

2. '-는/(으)ㄴ데'로 다음 두 문장을 한 문장으로 연결하세요. (请用"-는/(으)ㄴ데"将下面两个句子连成一个句子)

(1) 날씨가 좋아요. /운동하러 나갑시다.
_____

(2) 엄마가 오늘 저녁에 야근하세요. /우리 외식해요.
_____

(3) 성준 씨도 중국 요리 만드는 것을 좋아해요. /우리 같이 요리를 해요.
_____

(4) 약속 시간이 1시간이나 지났어요. /친구가 왜 안 왔죠?
_____

(5) 오늘 아빠가 늦으실 거예요. /우리 먼저 먹어요.
_____

(6) 나는 한식이 별로 안 좋아요. /우리 다른 것을 먹으면 안 될까요?
_____

3. '-거든요'를 이용하여 다음 대화를 완성하세요. (请用"-거든요"完成下面的对话)

(1) 가: 오늘 왜 또 지각했어요?
　　나: _____
(2) 가: 이번 시험을 잘 봤네요.
　　나: _____
(3) 가: 왕홍 씨, 한국을 잘 아는 것 같네요.
　　나: _____

(4) 가: 왜 술을 그렇게 많이 마셨어요?
　　나: _____
(5) 가: 어제 왜 집에 안 들어왔어요?
　　나: _____
(6) 가: 수민 씨는 반지를 끼고 다니네요.
　　나: _____
(7) 가: 내일 우리 한 번 만나도 되죠?
　　나: 안 될 것 같아요. _____

4. '-지 마세요'를 이용하여 다음 대화를 완성하세요. (请用"-지 마세요"完成下面的对话)

(1) 가: 요즘은 건강이 너무 안 좋아요.
　　나: _____
(2) 가: 성준 씨, 밖에서 기다릴게요. 빨리 나와요.
　　나: _____
(3) 가: 내일 저녁에 우리 술 한 잔 합시다.
　　나: _____
(4) 가: 감기에 걸린 것 같아요.
　　나: _____
(5) 가: 오늘 밖에 정말 춥네요.
　　나: _____
(6) 가: 회의 중입니다. _____
　　나: 네, 알겠습니다, 죄송합니다.
(7) 가: 국경절에 우리 태산에 놀러 갑시다.
　　나: _____

5. 다음 문장을 한국어로 번역하세요. (请将下面的句子翻译成韩语)

(1) 今天天气也不怎么好，不如我们明天再去逛街吧。
_____

(2) 去市政府的话，应该先坐地铁，然后换乘公共汽车。

(3) 请不要用铅笔答题。

● **6. 다음 문장을 중국어로 번역하세요.** （请将下面的句子翻译成汉语）

(1) 이건 비밀인데 다른 사람한테 얘기하지 마세요.

(2) 철로 만든 책상보다 나무로 만든 책상이 좋다.

(3) 수업 시간에 왜 자꾸 졸려요? 어제 밤을 새서 리포트를 썼거든요.

课外阅读

　　한국은 교통이 아주 편리합니다. 기차, 고속버스, 비행기 등 교통 수단이 아주 발달해 있기 때문입니다. 그러므로 어디에서든 오래 기다리지 않고 다음 목적지로 금방 이동할 수 있습니다.
　　한국의 기차는 원래 '통일호'가 가장 빨라서 여행하는 사람들이 많이 이용했습니다. 서울에서 '통일호'를 타고 부산까지 가려면 약 4시간 반 정도 걸립니다. 그 후에 생긴 '새마을'호는 속도가 가장 빠른 기차로 서울에서 부산까지 가는데 약 3시간 반 정도 걸립니다. 보통 공무나 용무가 바쁜 사람들이 많이 이용했습니다. 그러나 2004년부터 한국 고속철도가 개통되어 서울에서 부산까지 2시간 반 정도밖에 안 걸립니다. 한국고속 철도를 'KTX'라고 합니다. 이는 '한국고속철도'라는 영어의 준말입니다.
　　KTX는 '새마을'호보다 빠릅니다. 특히 서울에서 대전까지는 약 1시간 정도밖에 안 걸립니다. KTX는 속도도 빠르고 차내 시설도 좋아서 갈수록

问路

많은 사람들이 이용하고 있습니다. 옛날에는 선비들이 한양(지금의 서울)에 과거 보러 갈 때 걸어서 며칠씩 갔다고 합니다. 그러나 지금은 교통수단의 발달로 비행기로 40분, 기차로 2 시간 정도면 도착할 수 있습니다. KTX의 개통으로 한국은 반나절 생활권 속에 들어섰습니다.

补充词汇

韩语	词性	中文
걷다	[动]	走路,走
문득	[副]	突然
생각이 나다	[词组]	想起
잠이 들다	[词组]	睡着
샤워 [shower]	[外]	淋浴
똑바로	[副]	一直;正确地
흐리다	[形]	阴
보고서 [報告書]	[名]	报告书
작성하다 [作成-]	[动]	制作,制订
찢다	[动]	撕
검색하다 [檢索-]	[动]	检索,搜索
고향 [故鄉]	[名]	故乡
길이 막히다	[词组]	堵车
대화 [對話]	[名]	对话
해결하다 [解決-]	[动]	解决
드라이브 [drive]	[外]	兜风
싱겁다	[形]	淡
넣다	[动]	放入
뚱뚱하다	[形]	胖
달리다	[动]	跑,跑步
낫다	[动]	痊愈,病好
돈을 찾다	[词组]	取钱
왜	[副]	为什么

선약 [先約]	[名]	先约, 有约
어젯밤	[名]	昨晚
편하다 [便-]	[形]	方便, 便宜
야근하다 [夜勤-]	[动]	值夜班, 晚上加班
외식하다 [外食-]	[动]	到外面吃饭
취소하다 [取消-]	[动]	取消
반지 [斑指] (를) 끼다	[词组]	戴戒指
고속버스 [高速bus]	[名]	高速公共汽车
수단 [手段]	[名]	手段, 方式
발달하다 [發達-]	[动]	发达
목적지 [目的地]	[名]	目的地
이동하다 [移動-]	[动]	移动
느리다	[形]	缓慢
용무 [用務]	[名]	公务, 事务
개통되다 [開通-]	[动]	被开通
선비	[名]	书生, 儒生, 学者
과거 [科擧]	[名]	科举考试
반나절 [半-]	[名]	半天, 大半天

제17과 이메일
第十七课 电子邮件

1. N-에게/한테/께, N-에게서/한테서
2. V-느라고
3. V·A-다고 하다
4. V·A-아/어/여서
5. V·A-(으)ㄹ 때

课文

(1)

왕호 씨에게

　안녕하세요? 그 동안 잘 지냈어요?

　저는 잘 지내고 있어요. 저는 한국 생활이 아주 재미있어요. 지금 기본적인 한국어를 말할 수 있어요.

　왕호 씨 대학 생활은 어때요? 유리 씨하고 대학에서 공부 열심히 해요? 어제 유리 씨한테서 편지가 왔어요. 사진도 있었어요.

　저도 유리 씨에게 사진을 보내고 싶어요. 내일 친구들과 같이 학교에서 사진을 찍을 거예요.

　다음 주 일요일이 왕호 씨 생일이지요? 왕호 씨에게 선물을 보내고 싶은데요. 왕호 씨는 어떤 선물을 좋아해요? 답장을 보내 주세요. 제가 소포로 선물을 보낼게요.

왕호 씨, 항상 건강하세요. 안녕히 계세요.

7월 23일
유하

보고 싶은 유하 씨에게

　안녕하세요?

　그 동안 잘 지냈어요?

　보내 준 편지와 선물을 잘 받았어요. 정말 고마워요.

　기쁜 소식이 있어요. 제가 다음 주에 한국에 가요. 벌써 아르바이트한 돈으로 비행기 표를 샀어요.

　이번에 한국에 가면 하고 싶은 게 너무 많아요. 지난번에는 학교에 다니느라고 바빠서 여행도 못 갔어요. 그래서 이번에 한국에 가면 꼭 여행을 가고 싶어요. 내가 가고 싶은 곳은 경주하고 지리산이에요. 10원짜리 동전에 있는 그 탑이 경주에 있다고 했지요? 이번에 가면 꼭 그 탑을 보고 싶어요. 저의 얘기가 길어져서 미안해요. 유하 씨 얘기는 다음 주에 만나서 들을게요.

　그럼 만날 때까지 건강하세요.

　안녕히 계세요.

10월 10일
왕호

동안	[名]	期间, 时期
지내다	[动]	度过, 过
생활 [生活]	[名]	生活, 日子

电子邮件

기본적 [基本的]	[名、冠]	基本的
말하다	[动]	说,讲
다음	[名]	下一次,以后
답장 [答狀]	[名]	回信,答复
소포 [小包]	[名]	邮包,包裹
건강하다 [健康-]	[形]	健康,结实
기쁘다	[形]	高兴,愉快
소식 [消息]	[名]	消息
표 [票]	[名]	票
지난번 [-番]	[名]	上次,上回
다니다	[动]	来往,上(班,学)
경주 [慶州]	[地名]	庆州
지리산 [智異山]	[名]	智异山
탑 [塔]	[名]	塔

语 法

1. N-에게/한테/께, N-에게서/한테서

＊ N-에게/한테/께

　　副词格助词,"에게/한테/께"接在表示人或动物等活动体名词后面,表示行为所涉及的对象,可以译为"给……""向……"。"한테"一般用于口语,"께"用于尊敬的对象,是"에게/한테"的敬语形态。如果行为所涉及的对象是非活动体名词时,后面要用"에"。

친구에게 편지를 씁니다. /친구한테 편지를 씁니다.
给朋友写信。
고양이에게 우유를 줍니다. /고양이한테 우유를 줍니다.
给猫喂牛奶。
할머니께 전화를 했어요.
给奶奶打电话。

제17과 이메일

꽃에게 물을 줍니다. (×)　　　　꽃한테 물을 줍니다.(×)
→ 꽃에 물을 줍니다.
给花浇水。
주말은 우리의 생활에 새힘을 줍니다.
周末给我们的生活增添新的生机。
(1) 가: 누구에게 이메일을 보냈어요?
　　　 给谁发邮件了?
　 나: 친구한테 이메일을 보냈어요.
　　　 给朋友发邮件了。
(2) 가: 강아지한테 과자를 줬어요?
　　　 喂小狗饼干了吗?
　 나: 아니요, 강아지에게 밥을 줬어요.
　　　 没有,喂小狗米饭了。
(3) 가: 부모님께 무슨 선물을 드렸어요?
　　　 给父母送什么礼物了?
　 나: 부모님께 꽃을 드렸어요.
　　　 给父母送花了。
(4) 가: 왕호 씨, 누구에게 주는 책이에요?
　　　 王浩,这是给谁的书啊?
　 나: 이 책은 동생에게 주는 책이에요.
　　　 这是给我弟弟的书。

* N-에게서/한테서

副词格助词。"에게서/한테서"接在表示人的体词后面,表示行为的出发点,类似于汉语的"在……""从……"。"한테서"一般用于口语。助词"께서"是"가/이"的敬语形式,而不是"에게서/한테서"的敬语形式。

친구에게서 이메일을 받았습니다. /친구한테서 이메일을 받았습니다.
从朋友那里收到邮件了。
어머니에게서 전화가 왔습니다. /어머니한테서 전화가 왔습니다.
妈妈来电话了。
어머니께서 전화가 왔습니다. (×) → 어머니께서 전화를 하셨습니다. (○)

电子邮件

(1) 가: 누구에게서 선물을 받았어요?
　　　从谁那里收到礼物了?
　　나: 오빠한테서 받았어요.
　　　从哥哥那里收到礼物了。
(2) 가: 어머니한테서 편지 받았어요?
　　　妈妈来信了吗?
　　나: 아니요, 아버지한테서 받았어요.
　　　不是, 是爸爸来信了。
(3) 친구에게서 전화가 왔습니다.
　　朋友打电话来了。

2. V-느라고

接续词尾。用于动词词干之后, 表示前一动作或现象是后面事实的原因或理由。而后面的事实一般都是消极或负面的结果。"V-느라고"不能用于命令句和共动句, 前面不能加"았/었/였/겠"等过去和未来时制, 前后分句的主语要一致。

(1) 학생들은 컴퓨터 게임과 인터넷 채팅을 하느라고 밤을 새우는 경우가 많다.
　　学生们常常为了玩电脑游戏和在网上聊天而熬夜。
(2) 왕호는 공부하느라고 부르는 소리도 못 들었습니다.
　　王浩因为学习, 连叫他的声音都没听到。
(3) 어제는 친구를 만나느라고 숙제를 하지 못했다.
　　昨天为了见朋友没能完成作业。
(4) 아르바이트를 하느라고 고향에 못 갔습니다.
　　为了打工没能回老家。
(5) 운전을 하느라고 핸드폰을 못 받았습니다.
　　因为在开车, 所以没能接手机。

＊后句不表示负面或消极结果时, 表示前句是后句的目的, 这时可以与"-기 위하여"替换使用。

(6) 누나는 울음을 참느라고 하늘을 쳐다봅니다.
　　姐姐为了忍住哭泣, 抬头望着天空。

3. V·A-다고 하다

惯用形。表示间接引用。间接引语的形式一般是"-고 (이야기)하다, -고 (말)하다, -고 묻다"等, 根据引用句式的不同, 在转达陈述句时, 将"-다"与"-고 하다"相连接, 构成"-다고 하다"; 用在以"体词+ -이다, 아니다"结尾的句子时, 使用"-이라고 하다, -아니라고 하다"的形式。在会话中多用缩略形式"-답니다/대요, -랍니다/-래요"的形式。

	动词	形容词	名词
现在	词干 -ㄴ/는다고 하다 -ㄴ/는답니다 -ㄴ/는대요	词干 -다고 하다 -답니다 -대요	(名词-이) -라고 하다 -랍니다 -래요
过去	词干 - 았/었/였다고 하다 (았/었/였대요)		(名词-이) -았/었다고 하다
未来、推测	词干 - 겠다고 하다 (겠대요)	不能与未来时制结合。	

（1）그는 도서관에서 책을 찾는다고 말했어요.
　　他说要去图书馆找书。
（2）유리 씨는 얼굴이 예쁘다고 합니다.
　　听说刘丽很漂亮。
（3）철수의 친구는 이소라라고 해요.
　　哲洙的朋友叫李素罗。
（4）어머니가 내일 오겠다고 말했어요.
　　妈妈说明天来。
（5）그는 아침에 빵을 먹었다고 말했어요.
　　他说今天早上吃了面包。

4. V·A-아/어/여서

接续词尾。用于动词、形容词之后, 表示前面的行动或状态成为后面行动、状态的原因。

（1）평소에는 시간이 없어서 운동을 하지 못합니다.
　　因为平时没有时间所以做不了运动。

(2) 비가 많이 와서 강물도 불었습니다.
　　 雨下得很大,河水也涨了。
(3) 당신이 약속을 지키지 않을 것 같아서 다시 전화를 했습니다.
　　 因为怕你违约,所以又打了一次电话
(4) 길이 너무 좁아서 차 한 대만 지나갈 수 있습니다.
　　 路很窄,仅容一辆车通过。
(5) 머리가 아파서 학교에 가지 못 했습니다.
　　 头疼,没法去学校。

* N-(이)라서

(1) 오늘은 일요일이라서 사람이 많습니다.
　　 今天是周末,人很多。
(2) 내일은 설이라서 거리에 사람이 많지 않다.
　　 因为明天是春节,所以街上人很少。

아/어/여서와 (으)니까의 区别

句尾接命令形"(으)세요""(으)십시오",共动形"(으)ㅂ시다"或劝诱形"(으)ㄹ까요"时,一般使用"-(으)니까",而不选用表示理由的"-아/어/여서"。

(1) 배가 고프니까 밥을 먹읍시다. (○)
　　 肚子饿了,我们吃饭吧。
　　 배가 고파서 밥을 먹읍시다. (×)
(2) 요리는 제가 했으니까 청소 좀 도와 주세요. (○)
　　 饭我已经做完了,你帮我打扫一下卫生吧。
　　 요리는 제가 했어서 청소 좀 도와주세요. (×)
(3) 어제는 밥을 먹었으니까 오늘은 빵을 먹을까요? (○)
　　 昨天吃了米饭,今天吃面包怎么样?
　　 어제는 밥을 먹었어서 오늘은 빵을 먹을까요? (×)

5. V·A-(으)ㄹ 때

接在谓词词干之后,表示时间,类似于汉语的"当……的时候"。在开音节及闭音节"ㄹ"后用"ㄹ 때",其他闭音节后用"을때";与过去时态语尾相连时,用"-았/었/였

을 때";时间名词后直接加"때"。
(1) 기분이 좋을 때 노래를 해요.
    心情好的时候唱歌。
(2) 한국말로 이야기할 때 힘들어요.
    用韩语说话的时候有些困难。
(3) 학교에 갈 때 지하철을 타고 가요.
    去学校的时候坐地铁去。
(4) 당신이 보고 싶을 때는 휘파람을 불어요.
    想你的时候就吹口哨。
(5) 한국에 처음 왔을 때 겨울이었어요.
    第一次来韩国是冬季。

练 习

1. '에게/한테, 에게서/한테서'를 사용하여 보기와 같이 문장을 만드세요.
   (仿照例句,用"에게/한테, 에게서/한테서"连词成句)

   <보기> 저, 친구, 인사하다.
         → 저는 친구에게(한테) 인사했습니다.

   (1) 저, 남자 친구, 편지, 쓰다

   (2) 어머니, 아이들, 과자, 만들다, 주다

   (3) 교수님, 안부, 전하다, 주십시오.

   (4) 아버님, 선물, 사다, 드리다

   (5) 저, 선물, 부모님, 댁, 보내다, 드리다

(6) 조사, 결과, 학교, 보고하다.

> <보기> 나, 김 선생님, 한국어, 배우다
> → 나는 김 선생님에게서(한테서) 한국어를 배우고 있어요.

(7) 친구, 생일, 선물, 받다.

(8) 나, 형님, 받다, 돈, 아버지, 드리다

2. '느라고'를 사용하여 보기와 같이 문장을 만드세요. (仿照例句,用"느라고"连词成句)

> <보기> 여행, 가다, 편지, 받다,
> → 여행을 가느라고 편지를 못 받았어요.

(1) 컴퓨터 게임, 어제밤, 잠, 자다

(2) 전화, 기다리다, 외출하다

(3) 미국, 다니다, 지난 주, 학교, 가다

(4) 기말, 시험, 준비하다, 정신, 없다

(5) 늦잠, 자다, 학교, 늦다

3. '-다고 하다'를 사용하여 보기와 같이 문장을 바꿔 쓰세요. (仿照例句,用"-다고 하다"改写句子)

> <보기> 내일 친구를 만납니다.
> → 내일 친구를 만난다고 합니다.

(1) 수미 씨는 매일 6시에 일어납니다.

(2) 그들은 오늘 한국 영화를 봅니다.

(3) 아버지는 과장으로 승진했어요.

(4) 우리 대학 한국어과는 실력이 아주 강합니다.

(5) 요즘 중국에서 한국어를 배우는 사람이 많다.

(6) 남자 친구는 요즘 아주 바빠요.

(7) 동생이 제일 좋아하는 한국 드라마는 "파리의 연인"입니다.

(8) 한국사람들은 설날에 반드시 떡국을 먹습니다.

(9) 태화전은 중국 최대의 목조건물이다.

4. 보기와 같이 다음 두 문장을 한 문장으로 만드십시오. (仿照例句,将以下两个句子连成一个句子)

> <보기> 피곤합니다. /일찍 잡니다.
> → 피곤해서 일찍 잡니다.

(1) 백화점에서 할인 판매를 합니다. /손님이 많다.

(2) 꽃이 피었습니다. /정원이 아름답습니다.

(3) 머리가 아프다. /학교에 오지 못합니다.

(4) 시험이 쉽다. / 점수가 높다.

(5) 어린이이다. / 아무 것도 모른다.

(6) 다른 때보다 열심히 공부하다 / 기말에 좋은 성적을 따낼게요.

5. 다음 문법을 사용하여 문장을 만드십시오. （使用下列语法造句）

(1) -한테서
(2) -느라고
(3) -다고 하다
(4) -아/어/여서
(5) -(으)니까
(6) -(으)ㄹ 때

6. 부모님께 이메일을 쓰십시오. （给父母写封电子邮件）

课外阅读

　　지금 많은 사람들이 편지보다 전자우편, 즉 이메일을 더 많이 사용합니다. 펜으로 편지지에 정성을 담아 또박또박 쓴 편지는 한결 정성스럽습니다. 그래서 받고 나면 기분이 좋습니다. 특히 노인들은 메일보다 편지를 좋아합니다.

　　그러나 이메일은 편지에 비해 많은 장점이 있습니다. 메시지를 아주 빨리 상대방에게 전할 수 있고, 돈도 들지 않고, 언제 어디서나 받아볼 수 있습니다. 언제든지 보고 싶은 사람에게 메시지와 소식을 전할 수 있습니다.

　　인터넷은 기본적인 컴퓨터 사용 방법, 인터넷 접속 방법만 익히면 누구나 사용할 수 있습니다. 나이가 어린 아이들부터 집안 일을 하는 주부, 몸이나 행동이 불편한 분이나 노인들까지 다 편하게, 쉽게 사용할 수 있습니다. 우리는 인터넷을 통하여 많은 정보와 지식도 얻을 수 있습니다.

补充词汇

꽃	[名]	花
새힘	[名]	新的生机
강아지	[名]	小狗
과자 [菓子]	[名]	点心
게임 [game]	[外]	游戏
채팅 [chatting]	[外]	网上聊天
밤을 새우다	[词组]	熬夜
소리	[名]	声音
이렇다	[形]	这样,如此
얼굴	[名]	脸庞
묻다	[动]	问,询问
평소 [平素]	[名]	平时,平常
강물 [江-]	[名]	江水

电子邮件

붓다	[动]	涨, 肿
지키다	[动]	遵守
같다	[形]	一样, 相同
좁다	[形]	窄
지나가다	[动]	通过, 穿过
요리 [料理]	[名]	菜
돕다	[动]	帮助
기분 [氣分]	[名]	心情
휘파람	[名]	口哨
불다	[动]	吹
안부 [安否]	[名]	问安, 问候
정신 [精神]	[名]	精神
전자우편 [電子郵便]	[名]	电子邮件
펜 [pen]	[外]	笔
편지지 [便紙紙]	[名]	信纸
정성 [精誠]	[名]	诚意, 精诚
또박또박	[副]	认真地, 十分仔细
한결	[副]	更, 尤其, 特别
메시지 [message]	[外]	信息, 短信
상대방 [相對方]	[名]	对方
저렴하다 [低廉]	[形]	低廉
전하다 [傳-]	[动]	传达, 转达
접속 방법 [接續 方法]	[名]	连接方法
익히다	[动]	熟练
주부 [主婦]	[名]	家庭主妇
불편하다 [不便-]	[形]	不方便

제18과 계획 세우기
第十八课 制订计划

重点语法
1. V-(으)려면
2. A-아/어/여지다
3. V-(으)ㄴ 후에 /다음에
4. V·A-(으)면 좋겠다
5. V-(으)ㄹ까 하다
6. V·A-기 때문에

课文

(1)

홍단: 경희 씨는 어릴 때 꿈이 뭐였습니까?

경희: 저는 어릴 때 훌륭한 의사가 되고 싶었습니다.

홍단: 그런데 왜 의과대학에 가지 않고 국어국문학과에 왔습니까?

경희: 그 동안 희망이 여러 번 바뀌었습니다. 기자도 되고 싶었고, 선생님도 되고 싶었습니다.

홍단: 그럼 지금은 어떤 사람이 되고 싶습니까?

경희: 지금은 방송국에 취직해서 드라마를 만드는 일을 하고 싶습니다. 창조적인 일이 제 적성에 맞을 것 같습니다.

홍단: 방송국에 취직하려면 준비를 많이 해야 되지요?
경희: 네, 그래서 올해는 더 바빠질 것 같아요.

(2)

종호: 세민 씨는 대학을 졸업한 후에 무슨 일을 할 생각입니까?
세민: 대학원에 가서 공부를 좀 더 했으면 좋겠습니다.
종호: 어떤 공부를 하려고 하는데요?
세민: 아직 확실하게 결정한 것은 아니지만 고대 한국사를 공부할까 합니다. 종호 씨는 앞으로 어떻게 할 겁니까?
종호: 저는 우선 이번 학기를 마치고 군대에 갈 계획입니다. 그리고 제대한 다음에 컴퓨터와 외국어 공부를 열심히 해서 무역회사에 취직을 하고 싶습니다.
세민: 종호 씨는 적극적이고 활동적인 성격이라서 그런 일이 어울릴 것 같습니다.

(3)

얼마 전에 대학 3학년이 된 이정우 씨는 요즘 장래 문제 때문에 고민이 많습니다. 경제학을 전공하는 이정우 씨는 대학을 졸업한 후 유학을 가서 공부를 더 하고 싶습니다. 그러나 유학을 하려면 돈이 필요한데, 이정우 씨의 집은 별로 부자가 아닙니다. 그리고 이정우 씨는 외아들이고, 부모님의 연세가 많으시기 때문에 유학을 가는 것은 쉽지 않습니다. 부모님께서 그에게 걱정하지 말고 유학을 가라고 말씀하시지만 이정우 씨는 고민이 많습니다.

이정우 씨는 빨리 결정을 해서 준비를 해야 합니다. 유학을 가려면 유학 시험 준비를 해야 하고, 취직을 하려면 취직 시험 준비를 해야 합니다. 그렇지만 결정을 하는 일이 너무 어렵습니다.

词汇

꿈	[名]	梦，理想
훌륭하다	[形]	优秀
희망 [希望]	[名]	希望
기자 [記者]	[名]	记者
광고회사 [廣告會社]	[名]	广告公司
드라마 [drama]	[名]	电视剧
창조적 [創造的]	[名、冠]	创造性的
적성 [適性]	[名]	适合与否
대학원 [大學院]	[名]	研究生院
확실하다 [確實-]	[形]	确实
결정하다 [決定-]	[动]	决定
고대 [古代]	[名]	古代
한국사 [韓國史]	[名]	韩国史
우선 [于先]	[副]	首先
마치다	[动]	完成
군대 [軍隊]	[名]	军队
군대에 가다	[词组]	服兵役
제대하다 [除隊-]	[动]	退伍
외국어 [外國語]	[名]	外国语
활동적 [活動的]	[名、冠]	活跃的
경제학 [經濟學]	[名]	经济学
유학 [留學]	[名]	留学
부자 [富者]	[名]	富人
외아들	[名]	独生子
연세가 많다	[词组]	年纪大
걱정하다	[动]	担心

语 法

1. V-(으)려면

"-(으)려고 하다+ 그러면"的缩略形式,用于动词词干后,动词词干为闭音节时("ㄹ"的不规则动词除外)用"으려면",开音节时用"려면",表示假定的意图,类似于汉语的"如果要……""想要……"。

(1) 한국말로 이야기하려면 열심히 공부하세요.
　　想要用韩国语说话的话,努力学习吧。
(2) 여기에서 시청으로 가려면 어떻게 가야 합니까?
　　想要从这里去市政府的话,应该怎么走?
(3) 그녀와 사귀려면 먼저 운동을 잘해야 합니다.
　　想要和那个女孩交往,首先要擅长运动。
(4) 싸고 좋은 물건을 사려면 남대문 시장에 가세요.
　　想要买到又便宜又好的东西就去南大门吧。
(5) 주말에 즐겁게 놀려면 이 일을 빨리 끝내야 해요.
　　周末想好好玩的话应该把这件事赶快办完。

2. A-아/어/여지다

用于形容词词干的后面,表示某种状态的变化,即由一种状态变化到另外一种状态。类似于汉语的"变得……""越来越……"。

(1) 가: 한국말을 배우는 것이 어떻습니까?
　　　　韩国语学习怎么样?
　　나: 배우면 배울수록 점점 어려워지는 것 같습니다.
　　　　好像越学越难了。
(2) 며칠동안 비가 왔는데 오후에는 날씨가 좋아졌어요.
　　下了几天的雨,但下午天气变好了。
(3) 아이가 크면서 점점 예뻐졌어요.
　　小孩长大了,渐渐变得漂亮了。

(4) 이 약을 먹으면 몸이 좋아질 거예요.
    吃了这个药,身体会好起来的。
(5) 이렇게 옷이 더러워졌구나. 빨리 갈아입고 씻어라.
    衣服这么脏了,赶快脱下来洗一洗。
(6) 가: 제가 방을 깨끗이 청소했습니다.
       我把房间打扫干净了。
    나: 고마워요. 그래서 방이 깨끗해졌군요.
       谢谢,怪不得屋里变干净了呢。

3. V-(으)ㄴ 후에 /다음에

接于动词后面,表示现行的动作结束后,后面的动作才开始进行。类似于汉语的"在……后"。

(1) 우리 반 친구들은 수업이 끝난 후에 점심을 먹어요.
    我们班的朋友们下课后吃午饭。
(2) 오늘은 점심을 먹은 후에 도서관에서 공부할 거예요.
    今天吃完午饭后在图书馆学习。
(3) 한국어를 공부한 후에 한국 회사에서 일하겠어요.
    学习韩国语后要在韩国公司里工作。
(4) 세수를 깨끗이 한 후에 화장을 해야 합니다.
    应该洗完脸后化妆。
(5) 한국에 도착한 후에 꼭 전화하십시오.
    到韩国之后一定要来电话啊。
(6) 식사한 후에 이 약을 드십시오.
    请饭后服用这个药。

4. V·A-(으)면 좋겠다

接在谓词词干后,表示说话者的希望,谓词词干为闭音节时用"으면 좋겠다",谓词词干为开音节时"면 좋겠다",类似于汉语的"要是……的话就好了""……多好啊"。在口语中多使用"-았/었/였으면 좋겠다"的形式。

制订计划

(1) 오늘은 금요일이니까 숙제가 없으면 좋겠어요.
　　今天是星期五,要是没有作业就好了。
(2) 한국말을 한국인처럼 잘 할 수 있으면 좋겠어요.
　　要是像韩国人那样说好韩国语就好了。
(3) 제가 키가 더 컸으면 좋겠어요.
　　我要是个子再高点就好了。
(4) 저는 그녀와 결혼하면 좋겠어요.
　　我要是能和她结婚就好了。
(5) 빨리 공부를 마치고 고향에 돌아가면 좋겠어요.
　　要是能赶快结束课程回家就好了。
(6) 앞으로 이사할 곳이 조용했으면 좋겠어요.
　　将要搬去的地方要是个安静的地方该多好啊。

5. V-(으)ㄹ까 하다

用在动词后,表示说话者的想法、意图,类似于汉语的"想……"。

"-(으)려고 하다"与"-(으)ㄹ까 하다"都表示要做某一动作,意思比较接近,但二者的意思不完全相同。主要区别在于:"-(으)려고 하다"表示某种想法虽然现在还没有实现,但将来会实现,相当于"打算……";"-(으)ㄹ까 하다"则表示有某种想法,但这种想法还不确定。

(1) 가: 이번 방학에 무엇을 할 거예요?
　　　　这个假期想干点什么?
　　나: 가족들과 여행을 가 볼까 합니다.
　　　　想和家人去旅行。
(2) 가: 언제 퇴원하려고 합니까?
　　　　打算什么时候出院?
　　나: 내일 퇴원할까 합니다.
　　　　想明天出院。
(3) 가: 나이도 들었는데 결혼할 계획은 없나요?
　　　　年龄也不小了,还没有结婚的打算吗?

제18과 계획 세우기　179

나: 올해 가을쯤 결혼할까 합니다.
　　　　想今年秋天结婚。
(4) 가: 이번에는 신입사원을 몇 명 모집합니까?
　　　　这次招几个新人啊?
　　나: 오십 명쯤 모집할까 합니다.
　　　　想招50名左右吧。
(5) 가: 선생님 댁은 언제쯤 방문하기로 했습니까?
　　　　决定什么时候去拜访老师了吗?
　　나: 아직 정하지는 않았지만 모레쯤 방문할까 합니다.
　　　　到现在还没定下来,不过大约后天去吧。
(6) 가: 주말에 뭘 하려고 해요?
　　　　周末打算干什么啊?
　　나: 소풍을 가 볼까 해요.
　　　　想去兜风。

6. V·A-기 때문에

用在谓词词干以及叙述格助词"-이"和时制词尾"-았/었/였/겠"、尊称词尾"-(으)시"的后面,名词后直接用"때문에",表示前一动作是后一动作的原因,类似于汉语的"因为……所以"。

(1) 한국 노래가 좋기 때문에 항상 한국 노래를 들어요.
　　因为韩国歌曲很好听,所以我经常听韩国歌。
(2) 어제 술을 많이 마셨기 때문에 오늘은 공부할 수 없어요.
　　因为昨天喝了太多的酒,所以今天没法学习了。
(3) 오늘은 날씨가 춥기 때문에 일찍 집에 들어가려고 합니다.
　　今天天气太冷,想早点回家。
(4) 아기가 자고 있기 때문에 조용히 해야 합니다.
　　小孩正在睡觉,要安静点。
(5) 전화 요금이 너무 비싸기 때문에 집에 자주 전화 못 했습니다.
　　因为电话费很高,所以不经常给家里打电话。
(6) 어제 할 일이 많았기 때문에 밤 샜습니다.
　　昨天因为要做的事很多,所以熬夜了。

制订计划

练 习

● 1. 다음 문장을 완성하십시오. (完成下列句子)

　　(1) 기차를 타려면 _____
　　　　기차를 타면 _____
　　(2) 몸이 건강해지려면 _____
　　　　몸이 건강해지면 _____
　　(3) 한국말을 잘 하려면 _____
　　　　한국말을 잘 하면 _____
　　(4) 한국에 유학하려면 _____
　　　　한국에 유학하면 _____
　　(5) 물건을 싸게 사려면 _____
　　　　물건을 싸게 사면 _____
　　(6) 그 사람 주소를 알려면 _____
　　　　그 사람 주소를 알면 _____
　　(7) 도서관에 가려면 _____
　　　　도서관에 가면 _____
　　(8) _____ (으)려면 한 달쯤 배워야 해요.
　　(9) _____ (으)려면 7번 버스를 타세요.
　　(10) _____ (으)면 전화를 하세요.

● 2. '-아/어/여지다'를 사용하여 문장을 완성하십시오. (用"아/어/여지다"完成下列句子)

　　(1) 12시가 되면 배가 _____
　　(2) 여름이 되면 _____
　　(3) 비가 오니까 _____
　　(4) 오랫동안 운동을 하기 때문에 _____

제18과 계획 세우기　181

(5) 왕호 씨는 술을 먹은 후에 _____
(6) 경음악을 들으니 마음까지 _____
(7) 요즘 물건들은 _____
(8) 어제 저녁 일 때문에 기분이 _____
(9) 그동안 일이 많아서 머리가 _____
(10) 한국어를 열심히 배우니까 _____

3. '(으)면 좋겠다'를 사용하여 문장을 만드십시오. (用"(으)면 좋겠다"连词成句)

(1) 태산에, 한번, 가 보다
_____

(2) 한국, 유학동안, 열심히, 공부하다
_____

(3) 우리반, 친구, 친하다, 지내다
_____

(4) 우리, 조국, 크다, 성과, 거두다
_____

(5) 방, 조금만, 넓다
_____

(6) 서로, 사랑하다, 사람, 행복하다, 살다
_____

(7) 새, 자유롭다, 살다
_____

(8) 생일파티, 친구, 많이, 오다
_____

4. '-(으)ㄹ까 하다'를 사용하여 다음 대화를 완성하십시오. (用"-(으)ㄹ까 하다"完成下列对话)

(1) 가: 수업이 끝난 후에 무엇을 하겠습니까?
    나: _____

(2) 가: 방학이 되면 어디로 여행가려고 합니까?
　　　나: _____
(3) 가: 내일 무슨 영화를 보겠습니까?
　　　나: _____
(4) 가: 주말에 무슨 운동을 하려고 합니까?
　　　나: _____
(5) 가: 손님, 어떤 색의 넥타이를 사시겠습니까?
　　　나: _____

5. '-기 때문에'를 사용하여 연습하세요. (用"-기 때문에"做练习)

(1) 집에서 학비를 보내다, 안심하다
_____

(2) 일이 많다, 쉬다
_____

(3) 외국 사람이다, 중국 풍습을 모르다
_____

(4) 가: 왕호 씨는 왜 일찍 집에 돌아갔어요?
　　　나: _____
(5) 가: 어제 왜 학교에 안 왔어요?
　　　나: _____
(6) 가: 왜 이번 주에 또 시내에 가요?
　　　나: _____
(7) 가: 그 사람이 어떻게 압니까?
　　　나: _____
(8) 가: 한국에 와서 무엇이 힘들었습니까?
　　　나: _____

6. 다음 문장을 중국어로 번역하십시오. （把下列句子译成中文）

(1) 노트북의 가격이 좀 싸진 후에 사겠어요.

(2) 오늘 그한테서 좋은 소식이 왔으면 좋겠습니다.

(3) 날씨가 춥기 때문에 옷을 많이 입었어요.

(4) 도서관에서 책을 빌릴 때 학생증이 필요해요.

(5) 요즘은 기말 시험을 준비하느라고 여자친구와 데이트 할 시간이 없어요.

7. 다음 문장을 한국어로 번역하십시오. （把下列句子译成韩语）

(1) 进入12月后，天气渐渐冷起来了，很多人得了感冒。

(2) 你想收到他的礼物，很难。

(3) 因为饮食问题，我适应不了韩国生活。

(4) 我打算挣点钱之后再去读研究生。

(5) 要是能去北京看长城该多好啊。

制订计划

课外阅读

　　한국에서는 설날이나 추석과 같은 전통적인 명절이 되면 가족들이 한 자리에 모입니다. 그리고 조상님들의 제사도 지내고 성묘도 갑니다. 고향을 찾아가는 사람들이 많기 때문에 '민족대이동'이라고도 합니다. 그래서 이때는 교통이 아주 혼잡합니다. 항공편, 기차, 고속도로, 자가용이 다 동원되어 움직이기 때문입니다. 특히 자가용을 타고 길을 떠나는 사람은 고속도로가 막히면 아주 고생을 합니다. 보통 때는 서울에서 부산까지 4시간 반이면 도착하지만 이때는 길이 막히면 8시간에서 12시간까지 걸리기도 합니다. 많은 시간을 길에서 낭비하게 됩니다. 그래도 고향을 찾아가고 싶은 마음은 간절합니다. 그래서 어떤 사람들은 일찍 떠나서 일찍 돌아오기도 합니다. 또는 고향에 일찍 내려가서 성묘하고 명절 때는 서울로 부모님을 모시기도 합니다.

　　한국 사람들은 설날에 가족들이 모여 떡국을 먹습니다. 그리고 가족 어른들께, 동네 어르신들께 세배를 합니다. 아이들은 세배를 하고 세뱃돈을 받기도 합니다. 어른들은 세배를 하러 온 젊은이들에게 덕담을 해줍니다. 덕담은 한 해의 일들이 뜻대로 잘 되기를 기원하는 말입니다.

　　어머님들은 명절이 되면 가장 힘듭니다. 제사상을 차려야 하고 손님들도 많이 오기 때문입니다. 하루종일 부엌에서 음식을 만들고 설거지를 해야 하기 때문에 피곤합니다. 어떤 가정에서는 남자들도 부엌일을 돕습니다. 옛날처럼 여자들만 부엌일이나 집안일을 전담하게 하지 않습니다. 이것도 시대적 추세라고 할 수 있습니다.

补充词汇

점점 [漸漸]	[副]	渐渐
놀이터	[名]	游乐场
갈아입다	[动]	换穿, 更换
깨끗이	[副]	干净地

화장하다 [化粧-]	[动]	化妆
이사하다 [移徙-]	[动]	搬家
퇴원하다 [退院-]	[动]	出院
신입사원 [新入社員]	[名]	新职员
방문하다 [訪問-]	[动]	访问,拜访
돈이 들다	[词组]	花钱
성과 [成果]	[名]	成果
거두다	[动]	取得
자유롭다 [自由-]	[形]	自由
넓다	[形]	宽
안심하다 [安心-]	[动]	安心,放心
전통적 [傳統的]	[名、冠]	传统的
조상 [祖上]	[名]	祖先
성묘 [省墓]	[名]	扫墓
혼잡하다 [混雜]	[形]	混乱,复杂
자가용 [自家用]	[名]	家庭用车,私家车
동원하다 [動員-]	[动]	动员
움직이다	[动]	动,移动
도착하다 [到着-]	[动]	到达
낭비하다 [浪費-]	[动]	浪费
간절하다 [懇切-]	[形]	恳切
덕담 [德談]	[名]	祝愿,新年寄语
뜻대로	[副]	按照所想的,如愿
가장	[副]	最
제사상 [祭祀牀]	[名]	祭桌
설거지	[名]	洗碗
집안일	[名]	家务事
전담하다 [全擔-]	[动]	全部负担
추세 [趨勢]	[名]	趋势

낱말색인
总词汇表

ㄱ

가끔 [副] 偶尔		7
가다 [动] 去		6
가량[假量] [名] 大约,左右		12
가방 [名] 包		10
가장 [副] 最		18
가족[家族] [名] 家族,家人		11
가지 [名] 种类		8
간절하다[懇切] [形] 恳切		18
간행물[刊行物] [名] 刊物		8
갈비 [名] 排骨		9
갈아입다 [动] 换穿,更换		18
갈아타다 [动] 换乘		16
감기[感氣]에 걸리다 [词组] 患感冒		8
감사하다[感謝-] [动] 感谢		13
감상하다[鑑賞-] [动] 欣赏		9
값 [名] 价钱,价值		6
강물 [名] 江水		17
강변[江邊] [名] 江边		12
강아지 [名] 小狗		17
같다 [形] 一样,相同		17
같이 [副] 一起		7
개[個] [名] 个		10
개가자료실[開架資料室] [名] 开架资料室		8
개막되다[開幕-] [动] 开幕		10
개인[个人] [名] 个人		13
개통되다[開通] [被动] 被开通		16
거두다 [动] 取得		18
걱정하다 [动] 担心		18
건강하다[健康] [形] 健康,结实		17
건너다 [动] 过,越过,跨过		16
건물[建物] [名] 建筑物		8
걷다 [动] 走路,走		16
걸다 [动] 打(电话)		13
걸다 [动] 挂,悬挂		11
걸리다 [动] 花费		9
검색대[檢索臺] [名] 搜索台		8
검색하다[檢索] [动] 检索,搜索		16
검정 [名] 黑色		14
게임[game] [名] 游戏		17
겨울 [名] 冬天		9
격려하다[激勵-] [动] 激励,鼓励		14
결점[缺點] [名] 缺点		11
결정하다[決定] [形] 决定		18
결혼하다[結婚-] [动] 结婚		7
경복궁[景福宮] [名] 景福宫		9
경우[境遇] [名] 情形,情况		13
경제학[經濟學] [名] 经济学		18
경주[慶州] [名] 庆州		17
경청하다[傾聽-] [动] 倾听		9
계시다 [动] 在("있다"的敬语)		10
고객[顧客] [名] 顾客		13
고대[古代] [名] 古代		18
고등학교[高等學校] [名] 高中		14
고맙다 [形] 感谢		8
고민[苦悶] [名] 苦闷,烦恼		12
고속버스[高速bus] [名] 高速公共汽车		16
고양이 [名] 猫		8

고프다 [形] 饥饿	15
고향[故鄕] [名] 故乡	16
고향[故鄕] [名] 故乡	5
곧 [副] 立刻,马上	13
곳 [名] 地方	9
공무원[公務員] [名] 公务员	11
공부하다[工夫-] [动] 学习	6
공연[公演] [名] 公演	9
공원[公園] [名] 公园	9
공항[空港] [名] 机场	13
과거[科擧] [名] 科举考试	16
과일 [名] 水果	8
과자[菓子] [名] 点心	17
과장[課長] [名] 科长	13
관련[關聯] [名] 有关,关联	6
광고회사[廣告會社] [名] 广告公司	18
광화문[光化門] [名] 光化门	9
괜찮다 [形] 不错,还可以;没关系	6
굉장히[宏壯-] [副] 相当,非常	8
교보문고[教保文庫] [名] 教保文库（书店名）	6
교수님[教授-] [名] 教授	11
교실[教室] [名] 教室	5
구경하다[求景-] [动] 观看,浏览	9
구두 [名] 皮鞋	10
구역[區域] [名] 区,区域	13
국어사전[國語辭典] [名] 国语词典	10
군대[軍隊] [名] 军队	18
군대에 가다 [词组] 服兵役	18
궁금하다 [形] 想知道,担心	14
권[卷] [名] 册,本	10
귀국하다[歸國-] [动] 回国	12
귀엽다 [形] 爱	15
그것 [代] 那个	5
그래서 [副] 因而,所以	8
그러나 [连] 但是,可是,然而	9
그런데 [副] 然而,可是	8

그럼 [副] 那么	7
그릇 [名] 碗	10
그리고 [连] 并且,而且;然后	6
그리다 [动] 画	8
그림 [名] 图画	8
극장[劇場] [名] 剧院	7
근무[勤務] [名] 工作,上班	12
근무하다[勤務-] [动] 工作	11
근처[近處] [名] 附近	8
글방 [名] 书房;学堂	14
금방[今方] [名] 马上	11
금연석[禁煙席] [名] 禁烟席,禁烟专座	14
기능[機能] [名] 功能	8
기다리다 [动] 等待	7
기본적[基本的] [名/冠] 基本性的,基本的	17
기분[氣分] [名] 心情	17
기분이 좋다 [词组] 心情好	11
기쁘다 [形] 高兴,愉快	17
기숙사[寄宿舍] [名] 宿舍	6
기억하다[記憶] [动] 记忆,记住	14
기자[記者] [名] 记者	18
기차역[汽車驛] [名] 火车站	6
기침 [名] 咳嗽	14
기회[機會] [名] 机会	8
길다 [形] 长,冗长	10
길이 막히다 [词组] 堵车	16
김빈 [专] 金彬	5
김성민[金成民] [专] 金成民	5
김치 [名] 泡菜	10
김치찌개 [名] 炖泡菜	13
깨끗이 [副] 干净地	18
꼭 [副] 一定	12
꽃 [名] 花	17
꿈 [名] 梦	18
끈 [名] 绳子,带子	11
끓이다 [动] 煮	14
끝나다 [动] 结束	12

总词汇表

끼리 [后] 附在部分名词后面表示同类相聚或搭配　13

ㄴ

나 [代] 我　9
나가다 [动] 出去　14
나이 [名] 年龄　11
나중 [名] 以后　15
날 [名] 天　6
날씨 [名] 天气　6
남 [名] 他人,别人　11
남학생 [男學生] [名] 男生　10
낫다 [动] 痊愈,病好　16
낭비하다 [浪費] [动] 浪费　18
내년 [來年] [名] 明天　11
내일 [來日] [名] 明天　7
냉면 [冷面] [名] 冷面　6
너무 [副] 太,非常,过于　10
넓다 [形] 宽　18
넘다 [动] 超过,过　15
넣다 [动] 放入　16
네 [感] 是,是的　5
노고 [勞苦] [名] 辛苦,劳苦　14
노래방 [-房] [名] 练歌房　6
노출하다 [露出-] [动] 露出,显出,暴露,泄露　13
놀다 [动] 玩儿　14
놀이 [名] 游戏　9
놀이터 [名] 游乐场　18
농구 [籠球] [名] 篮球　8
누구 [代] 谁　6
눈이 내리다 [词组] 下雪　14
느리다 [形] 缓慢　16
늦다 [形] 晚　15

ㄷ

다니다 [动] 来往,上(班,学)　17

다르다 [形] 不同,不一样　9
다방 [茶房] [名] 茶座　8
다시 [副] 重新,又　10
다양 [多样] [名] 多样　13
다음 [名] 下一次,以后　17
다음 주 [-週] [词组] 下周　7
다이어트 [diet] [名] 减肥　15
단어 [單語] [名] 单词　7
닫다 [动] 关　14
달 [名] 月　6
달다 [形] 甜　10
달다 [动] 挂,悬　11
달리기 [名] 跑,跑步　12
달리다 [动] 跑,跑步　16
닮다 [动] 长得像　15
담당하다 [担当] [动] 担当,担任　12
답장 [答狀] [名] 回信,答复　17
당구 [撞球] [名] 台球　14
당혹스럽다 [当惑-] [形] 慌张,迷惑　15
대 [臺] [名] 台,辆　8
대단히 [副] 非常,很　14
대답하다 [對答] [动] 回答　14
대별되다 [大別-] [动] 区别,大的区别　15
대출대 [貸出臺] [名] 借书台　8
대통령 [大統領] [名] 总统　15
대학교 [大學校] [名] 大学(本科)　6
대학생 [大學生] [名] 大学生　5
대학원 [大學院] [名] 研究生院　18
대한항공 [大韓航空] [名] 大韩航空　14
대화 [對話] [名] 对话　16
댁 [宅] [名] 府上("집"的敬语)　11
더럽다 [形] 脏　15
덕담 [德談] [名] 祝愿,新年寄语　18
덕분 [名] 常以"덕분에"的形　15
덥다 [形] 热　6
도로 [道路] [名] 道路　12
도서
도서관

낱말색인　189

도서 정리실[圖書整理室] [名] 图书 14
　　정리실
도착하다[到着] [动] 到达 18
돈 [名] 钱 10
돈을 찾다 [词组] 取钱 16
돈이 들다 [词组] 花钱 18
돌솥비빔밥 [名] 石锅拌饭 15
돌아가다 [动] 回去 7
돌아가시다 [动] 去世("죽다"的敬语) 11
돌아보다 [动] 回头看,转身看,回顾 11
돌아오다 [动] 回来 12
돕다 [动] 帮助 17
동대문시장[東大門市場] [名] 东大门市场 9
동대문운동장[東大門運動場] [名] 东大 14
　　门运动场
동물[動物] [名] 动物 8
동안 [名] 期间,时期 17
동양[東洋] [名] 东方 9
동원하다[動員] [动] 动员 18
동전[銅錢] [名] 硬币 13
동창[同窓] [名] 同学 14
되다 [动] 成为,可以 8
드라마[drama] [名] 电视剧 18
드라이브[drive] [名] 兜风 16
드리다 [动] 给 7
듣다 [动] 听 12
들다 [动] 举,拿 14
들리다 [动] 听见 15
들어오다 [动] 进来 7
등뒤 [名] 背后 11
디스카운트[discount] [外] 打折,讲价 6
따뜻하다 [形] 温暖,暖和 12
따라 읽다 [动] 跟读 7
딸기 [名] 草莓 10
때 [名] 时候 9
때로 [副] 间或,有时 12
떠나다 [动] 动身,离开 12

또 [副] 再,又 7
또박또박 [副] 认真地,十分仔细 17
똑바로 [副] 一直,正确地 16
뚱뚱하다 [形] 胖 16
뜻대로 [惯] 按照所想的,按照意愿 18

ㄹ

리필[refill] [外] 续杯,加量 15

ㅁ

-마다 [助] 每个,每 6
마련하다 [动] 准备,置办 14
마리 [名] 头,匹,只,条 10
마시다 [动] 喝 7
마찬가지 [名] 一样 14
마치다 [动] 完成 18
만나다 [动] 见面,碰面 5
만년필[萬年筆] [名] 钢笔 5
만들다 [动] 做,制作 14
만화책[漫畵冊] [名] 漫画书 6
많다 [形] 多 6
많이 [副] 多 7
말씀 [名] 话("말"的敬语) 11
말씀하시다 [动] 说("말하다"的敬语) 11
말하다 [动] 说,讲 17
맑다 [形] 清澈,明亮 15
맛있다 [形] 好吃 6
맞다 [动] 对,正确 8
맞추다 [动] 对照,核对;应和 9
매일[每日] [名/副] 每天 6
매점[賣店] [名] 商店,小卖店 8
맥주[麥酒] [名] 啤酒 7
맵다 [形] 辣 10
먹구름 [名] 黑云,乌云
먹다 [动] 吃 6
먼저 [名/副] 首先 12

总词汇表

단어	쪽
멀다 [形] 远	14
멀티미디어[multimedia] [外] 多媒体	8
멋있다 [形] 帅,潇洒,有魅力	9
메뉴[menu] [外] 菜单	15
메시지[message] [名] 信息,短信	17
며칠 [名] 几天	11
명 [名] 名	10
명동[明洞] [名] 明洞	16
몇 [代] 几	8
모두 [副] 全部,都	10
모레 [名] 后天	13
모습 [名] 样子,模样	15
모시다 [动] 陪,侍奉	13
모양[模樣] [名] 模样,样子	8
모자 [帽子] [名] 帽子	7
모자라다 [动] 不足,不够	10
목소리 [名] 嗓音	15
목적지[目的地] [名] 目的地	16
몫 [名] 份	13
무슨 [冠] 什么	8
무엇 [代] 什么	5
무역[貿易] [名] 贸易	12
무척 [副] 非常	11
문득 [副] 突然	16
문법[文法] [名] 语法	12
묻다 [动] 问,询问	17
물건[物件] [名] 东西	10
물론 [副] 当然	14
물만두 [名] 水饺	7
미국[美國] [名] 美国	5
미안하다[未安-] [形] 对不起	7
미인[美人] [名] 美人	9
밑 [名] 下面	8
밑반찬 [名] 小菜,配菜	15

ㅂ

단어	쪽
바다 [名] 大海	7
바쁘다 [形] 忙	6
바지 [名] 裤子	10
박물관[博物館] [名] 博物馆	10
밖 [名] 外面	8
반갑다 [形] 高兴	5
반나절[半-] [名] 半天,大半天	16
반성[反省] [名] 反省,检讨	11
반지[斑指](를) 끼다 [词组] 戴戒指	16
받다 [动] 收,接受	8
발견하다[發見] [动] 发现	11
발달[發達] [名] 发达	13
발달하다[發達] [形] 发达	16
밤 [名] 夜晚	9
밤을 새우다 [词组] 熬夜	17
방문하다[訪問-] [动] 访问,拜访	18
방송국[放送局] [名] 广播电台,电视台	12
방송인[放送人] [名] 播音员	5
방식[方式] [名] 方式	13
방영하다[放映] [动] 放映	12
방학[放學] [名] 放假	12
방한[訪韓] [名] 访问韩国	9
배구 [名] 排球	8
배우다 [动] 学习	6
버스[bus] [外] 公共汽车	7
벅차다 [形] 吃力,洋溢	14
번[番] [名] 次,遍	10
벌다 [动] 挣(钱)	14
벌써 [副] 已经	14
베이징[beijing] [外] 北京	5
별로[別-] [副] 不怎么,不太	9
병[瓶] [名] 瓶	10
병원[病院] [名] 医院	7
보고서[報告書] [名] 报告书	16
보급[普及] [名] 普及	13
보내다 [动] 寄,送,派	8
보다 [动] 看	9
보통[普通] [名/副] 普通,一般	10

낱말색인 191

보편화[普遍化] [名] 普遍化	13
복도[複道] [名] 走廊	14
복사기[複寫器] [名] 复印机	8
복사본[複寫本] [名] 复印本	8
복사실[複寫室] [名] 复印室	8
볶음밥 [名] 炒饭	15
본문[本文] [名] 正文,课文	7
본부[本部] [名] 本部,总部	8
볼펜[ballpen] [外] 圆珠笔	5
봄 [名] 春天	5
부르다 [动] 唱,叫,喊	6
부산[釜山] [名] 釜山	7
부인[夫人] [名] 夫人("아내"的敬语)	11
부자[富者] [名] 富人	18
부치다 [动] 寄,邮	6
불고기 [名] 烤肉	8
불다 [动] 吹	17
불편하다[不便—] [形] 不方便	17
붉다 [形] 红色	8
붓다 [动] 涨,肿	17
비빔밥 [名] 拌饭	7
비싸다 [形] 贵	6
비행기[飛行機] [名] 飞机	8
빌리다 [动] 借	13
빠르다 [形] 快	15
빨래하다 [动] 洗衣服	9
빵 [名] 面包	10

ㅅ

사거리[四—] [名] 十字路口	16
사과 [名] 苹果	6
사귀다 [动] 交往	15
사다 [动] 买	10
사람 [名] 人	5
사무실[事務室] [名] 办公室	8
사생활[私生活] [名] 私生活	13
사용하다[使用—] [动] 使用	13
사장님[社長—] [名] 社长	15
사전[辭典] [名] 字典,词典	7
사진[寫眞] [名] 照片	9
사진[寫眞]을 찍다 [词组] 拍照	9
사회인문계열[社會人文系列] [名] 社会人文系列	8
산[山] [名] 山	7
산책길[散策—] [名] 步行道	12
살 [名] 岁	10
살다 [动] 生活,居住	8
삼개월[3個月] [名] 3个月	11
삼계탕[蔘鷄湯] [名] 参鸡汤	15
삼성[三星] [名] 三星	13
삼청동[三淸洞] [名] 三清洞	8
상대방[相對方] [名] 对方	17
상품[商品] [名] 商品	6
새 [冠] 新,新的	8
새해 [名] 新年	15
새힘 [名] 新的生机	17
샐리[Sally] [专] 赛利	5
생각 [名] 想法	12
생각이 나다 [词组] 想起	16
생신[生辰] [名] 生日("생일"的敬语)	11
생일 파티[生日 party] [词组] 生日宴会	16
생활[生活] [名] 生活,日子	17
샤워[shower] [名] 淋浴	16
샤워하다[shower—] [动] 淋浴,洗澡	9
서다 [动] 站	8
서양[西洋] [名] 西方	9
서양 음식[西洋飮食] [词组] 西餐	15
서점[書店] [名] 书店	6
선물[膳物] [名] 礼物	8
선비 [名] 书生,儒生,学者	16
선생님[先生—] [名] 老师,先生	5
선약[先約] [名] 先约,有约	16
설거지 [名] 洗碗	18
설렁탕[—湯] [名] 杂烩汤	7

总词汇表

설명하다[說明] [动] 说明	13
설악산[雪岳山] [名] 雪岳山	8
성격[性格] [名] 性格	10
성과[成果] [名] 成果	18
성균관[成均館] [名] 成均馆	16
성대하다[盛大-] [形] 盛大,隆重	10
성묘[省墓] [名] 扫墓	18
성함[姓銜] [名] 姓名("이름"的敬语)	11
세계[世界] [名] 世界	9
세계기행[世界紀行] [名] 世界纪行	12
세계적[世界的] [名/冠] 世界上,世界范围内	15
세분하다[细分-] [动] 细分	15
세수하다[洗手-] [动] 洗脸,洗漱	8
세종문화회관[世宗文化會館] [名] 世宗文化会馆	9
소개하다[紹介-] [动] 介绍	6
소금 [名] 盐	15
소녀[少女] [名] 少女	14
소리 [名] 声音	17
소설책[小說冊] [名] 小说	13
소식[消息] [名] 消息	17
소포[小包] [名] 邮包,包裹	17
소풍[消風] [名] 郊游	15
손 手 (삭제)	
손을 들다 [词组] 举手	14
송이 [名] 朵	10
쇼핑 타운[shopping town] [外] 购物城	6
수단[手段] [名] 手段,方式	16
수박 [名] 西瓜	10
수시[随時] [名] 随时	13
수업[授業] [名] 上课,授课	12
수영하다[水泳-] [动] 游泳	9
수집하다[收集-] [动] 收集	12
숙소[宿所] [名] 住的地方,住所	13
숙제[宿題] [名] 作业	9
쉬다 [动] 休息	6
쉽다 [形] 容易	6
스타일[style] [名] 款式	9
스트레스를 풀다 [词组] 缓解压力	12
스티븐[Steven] [专] 史蒂芬	5
시간[時間] [名] 时间	7
시간[時間] [名] 小时	10
시네마[cinema] [外] 电影	7
시대[時代] [名] 时代	13
시작하다[始作-] [动] 开始	7
시청[市廳] [名] 市政府	10
시청자[視聽者] [名] 观众	9
시험[試驗] [名] 考试	9
시험 기간[試驗期間] [词组] 考试时间,考试期间	12
시험[試驗] (위로 위치변경) [名] 考试	9
식당[食堂] [名] 食堂,饭店	15
식사[食事] [名] 饭	12
식사하다[食事-] [名] 吃饭	11
신문[新聞] [名] 报纸	8
신발 [名] 鞋	10
신입사원[新入社員] [名] 新职员	18
신입생[新入生] [名] 新生	14
신청서[申請書] [名] 申请书	14
실례하다[失禮-] [动] 失礼,打扰	8
싫다 [形] 讨厌,不愿意	13
싱겁다 [形] 淡	16
싸다 [形] 便宜	6
쓰다 [动] 写	
-씨[-氏] [名] 用于人名后,表示尊敬	6
-씨 좀 부탁 드립니다 [常用语] 请让……接电话	13
-씨를 바꿔 주십시오 [常用语] 请让……接电话	13
씻다 [动] 洗	12

ㅇ

아내 [名] 妻子	11

날말색인 193

아니다 [形] 不,不是	5	언제 [代] 何时	11
아르바이트[arbeit] [名] 打工	15	얼굴 [名] 脸庞	17
아무도 없다 [词组] 一个人也没有,没人	15	얼마 [副] 多少	10
아시아나항공[Asiana航空] [名] 韩亚航空	14	없다 [形] 没有,不在	6
아저씨 [名] 叔叔	13	여기 [代] 这里	8
아주 [副] 非常	8	여기저기 [名] 到处	10
아주머니 [名] 大妈,大姊,大嫂	10	여러 [冠] 许多	8
아침 [名] 早晨,早饭	7	여러분 [代] 诸位,大家	7
아프다 [形] 疼痛,不舒服	7	여름 [名] 夏天	8
안 [名] 里面	8	여름철 [名] 夏季	15
안녕하다[安寧-] [形] 安宁,平安	5	여행[旅行] [名] 旅行	7
안녕히[安寧-] [形] 平安地	10	여행사[旅行社] [名] 旅行社	8
안부[安否] [名] 问安,问候	17	연구실[研究室] [名] 研究室	11
안심하다[安心-] [动] 安心,放心	18	연락[聯絡] [名] 联络,联系	10
앉다 [动] 坐	6	연세[年歲] [名] 年龄,年纪("나이")	11
앞 [名] 前面	7	연세가 많다 [词组] 年纪大	18
앞으로 将来删除	18	연장[延长] [名] 延长	12
앞쪽 [名] 前面	11	열다 [动] 开	14
야구[野球] [名] 棒球	7	열람실[閱覽室] [名] 阅览室	8
야근하다[夜勤-] [动] 值夜班,晚上加班	16	열리다 [动] 召开,举行	9
야마다[Yamata] [专] 山田	5	열심히[熱心-] [副] 努力	12
약속[約束] [名] 约会	7	열이 나다 [词组] 发烧	14
양식[洋食] [名] 西餐	15	영국[英國] [名] 英国	5
양치하다[養齒-] [动] 刷牙	12	영상실[映像室] [名] 放映室	8
얘기 [名] 话语,故事	9	영수증[領收證] [名] 发票	13
얘기하다 [动] 聊天	14	영인본[影印本] [名] 影印本	8
어느 [冠] 某,哪一个	11	영화[映畵] [名] 电影	9
어디 [代] 哪里	5	영화관[映畵館] [名] 电影院	6
어떤 [冠] 怎样的	9	옆 [名] 旁边	8
어떻게 怎样,"어떻다+-게"的形式	7	예쁘다 [形] 漂亮,美丽	6
어떻다 [形] 怎样	7	예의범절[禮儀凡節] [名] 礼节	14
어렵다 [形] 困难	9	예정[豫定] [名] 计划,打算	9
어서 [副] 快	10	옛날 [名] 以前,古时候	9
어울리다 [动] 合适,适合	15	옛친구[-친구] [名] 老朋友	9
어제 [名] 昨天	9	오늘 [名] 今天	6
어젯밤 [名] 昨晚	16	오다 [动] 来	6
		오랜 [名] 好久,很长时间	15

总词汇表

한국어	한자	품사	중국어	과
오른쪽		[名]	右边	13
오스트레일리아	[Australia]	[专]	澳大利亚	5
오전	[午前]	[名]	上午	12
오후	[午後]	[名]	下午	7
올림픽	[Olympic]	[外]	奥林匹克	10
올해		[名]	今年	10
옷		[名]	衣服	7
왕	[王]	[名]	王	9
왕실	[王室]	[名]	王室,皇室	9
왕호	[王浩]	[专]	王浩	5
왜		[副]	为什么	16
외교관	[外交官]	[名]	外交官	5
외국어	[外國語]	[名]	外语	6
외식	[外食]	[名]	在外面吃饭	7
외식하다	[外食-]	[动]	到外面吃饭	16
외아들		[名]	独生子	18
외출하다	[外出]	[动]	外出	13
요금	[料金]	[名]	费用	13
요리	[料理]	[名]	菜	17
요즘		[名]	最近	6
용무	[用務]	[名]	公务,事务	16
우리		[代]	我们	5
우선	[于先]	[副]	首先	18
우유	[牛乳]	[名]	牛奶	10
우체국	[郵遞局]	[名]	邮局	6
운동장	[運動場]	[名]	运动场,操场	6
운동하다	[運動-]	[动]	运动	9
운전하다	[運轉]	[动]	开车,驾驶	14
움직이다		[动]	动,移动	18
웃다		[动]	笑	7
원	[圓]	[名]	元	10
원피스	[one-piece]	[名]	连衣裙	9
원하다	[愿-]	[动]	愿,希望	13
월급	[月給]	[名]	工资	15
월요일	[月曜日]	[名]	星期一	9
위험하다	[危險]	[形]	危险	14
유강	[劉强]	[专]	刘强	5
유명하다	[有名-]	[形]	有名,著名	9
유학	[留學]	[名]	留学	18
유행하다	[流行]	[动]	流行	14
은행	[銀行]	[名]	银行	11
은행[銀行]에 다니다		[词组]	在银行上班	11
음반	[音盤]	[名]	音乐光盘,音乐磁带	6
음악	[音樂]	[名]	音乐	6
음악단	[音樂團]	[名]	音乐团	9
음악회	[音樂會]	[名]	音乐会	9
의자	[椅子]	[名]	椅子	5
이것		[代]	这个	5
이공	[理工]	[名]	理工	8
이덕진	[李德振]	[专]	李德振	13
이동	[移動]	[名]	移动,转移	13
이동하다	[移動]	[动]	移动	16
이따가		[副]	过一会儿,待一会儿	13
이렇다		[形]	这样,如此	17
이름		[名]	名字,姓名	5
이메일	[E-mail]	[名]	电子邮件	13
이불		[名]	被子	6
이사하다	[移徙-]	[动]	搬家	18
이선우	[李善宇]	[专]	李善宇	13
이야기하다		[动]	说话,讲故事	9
이용하다	[利用]	[动]	使用,利用	14
이쪽		[名]	这边	13
이케다	[いけだ]	[专]	池田	5
익히다		[动]	熟练	17
인기가 많다		[词组]	很有人气,人气很旺	15
인삼차	[人蔘茶]	[名]	人参茶	10
인터넷	[Internet]	[名]	互联网	13
일		[名]	工作,事情	11
일과	[日課]	[名]	活动、作息	12
일기	[日記]	[名]	日记	6
일본	[日本]	[名]	日本	5
일본어	[日本語]	[名]	日语	6
일상화	[日常化]	[名]	日常化	13

일어나다 [动] 起床	9	
일요일 [日曜日] [名] 星期天	9	
일인분 [人份] [名] 1人份	15	
일정 [一定] [名] 一定	13	
일찍 [副] 早	9	
읽다 [动] 读	6	
입에 맞다 [词组] 合口味	15	
입원하다 [入院] [动] 住院	13	
있다 [动] 有, 在	6	
잊다 [动] 忘记	14	

ㅈ

자가용 [自家用] [名] 家庭用车, 私家车	18
자기소개 [自己紹介] [名] 自我介绍	7
자다 [动] 睡觉	9
자동차 [自動車] [名] 汽车	10
자료 [資料] [名] 资料	8
자연 [自然] [名] 自然	8
자유롭다 [自由-] [形] 自由	18
자전거 [自轉車] [名] 自行车	12
자주 [副] 经常	6
작다 [形] 小, 矮	10
작성하다 [作成] [动] 制作, 制定	16
잔 [盞] [名] 杯	10
잠 [名] 觉, 睡眠	9
잠깐만 [副] 一会儿, 片刻	7
잠이 들다 [词组] 睡着	16
잡수시다 [动] 吃 ("먹다"的敬语)	11
잡지 [雜誌] [名] 杂志	8
장 [張] [名] 张	10
장단 [長短] [名] 节奏, 调子	9
장미꽃 [薔薇——] [名] 玫瑰花	5
장소 [場所] [名] 场所, 地点	14
재미있다 [形] 有意思, 有趣	6
저 [代] 我 (谦称)	5
저것 [代] 那个	5
저녁 [名] 傍晚, 晚饭	7

저렴하다 [低廉] [形] 低廉	17
적성 [適性] [名] 适合与否	18
전 [前] [副] 前, 之前	11
전공 [專攻] [名] 专业	5
전담하다 [全擔] [动] 全部负担	18
전산실 [電算室] [名] 电子阅览室	8
전자 [電子] [名] 电子	13
전자우편 [電子郵編] [名] 电子邮件	17
전통문화 [傳統文化] [名] 传统文化	6
전통적 [傳統的] [名/冠] 传统的	18
전하다 [傳] [动] 传播, 转达	17
전혀 [全-] [副] 全然, 完全	15
전화하다 [電話-] [动] 打电话	7
점심 [名] 中午; 午饭	6
점점 [副] 渐渐	18
접속 방법 [接續 方法] [名] 连接方法	17
접하다 [接-] [动] 接壤, 濒临, 接触	13
정각 [正刻] [名] 整(点)	12
정기 [定期] [名] 定期	8
정기 간행물 [定期刊行物] [名] 定期刊物	14
정도 [程度] [名] 程度, 左右	10
정리실 [整理室] [名] 整理室	8
정말 [副] 真的, 果真, 确实	9
정문 [正門] [名] 正门	7
정보화 [情報化] [名] 信息化	13
정성 [精誠] [名] 诚意, 精诚	17
정신 [精神] [名] 精神	17
정하다 [定-] [动] 定, 决定	14
제 [代] 我的	5
제대하다 [除隊] [动] 退伍	18
제발 [副] 一定, 千万	14
제사상 [祭祀牀] [名] 祭桌	18
제임스 [James] [专] 詹姆斯	5
제주도 [濟州島] [名] 济州岛	5
제7과 [第7課] [名] 第7课	7
조각 [名] 块	10
조상 [祖上] [名] 祖先	18

总词汇表

韩文	词性	中文	页
조용하다	[形]	安静	13
조용히	[副]	静静地,安静地	9
졸다	[动]	困	14
졸업하다[卒業-]	[动]	毕业	7
좀	[副]	稍微	10
좁다	[形]	窄	17
종각[鐘閣]	[名]	钟阁	6
종류[種類]	[名]	种类	6
좋다	[形]	好	6
좋아하다	[动]	喜欢	6
죄송하다	[动]	对不起,打扰	13
존슨[Jonson]	[专]	琼斯	5
주다	[动]	给	7
주로[主-]	[副]	主要	12
주말[週末]	[名]	周末	10
주머니	[名]	口袋,袋子	11
주무시다	[动]	睡("자다"的敬语)	11
주문하다[注文-]	[动]	订,订购	15
주부[主婦]	[名]	家庭主妇	17
주스[juice]	[名]	果汁	10
주일[週日]	[名]	周	10
주차장[駐車場]	[名]	停车场	8
준비-준비작업[准备作业]	[名]	准备工作	12
줄	[名]	绳子;行,列	8
중국[中國]	[名]	中国	5
중국말[中國-]	[名]	汉语	10
중국은행[中國銀行]	[名]	中国银行	10
중학교[中學校]	[名]	初中	9
지갑	[名]	钱包	8
지금[只今]	[名]	现在	6
지나가다	[动]	通过,穿过	17
지난 학기	[词组]	上个学期	15
지난번	[名]	上次,上回	17
지내다	[动]	度过,过	17
지리산[智異山]	[名]	智异山	17
지불[支拂]	[名]	支付	13
지상[地上]	[名]	地上	8
지키다	[动]	遵守	17
지하[地下]	[名]	地下	8
지하도[地下道]	[名]	地下通道	16
지하철[지하철]	[名]	地铁	9
진지	[名]	饭("밥"的敬语)	11
질[質]	[名]	质量	8
질문[質問]	[名]	疑问	7
질문하다[質問-]	[动]	提问,问题	7
집	[名]	家	6
집안일	[名]	家务事	18
짝사랑	[名]	单恋	15
짧다	[形]	短	14
쪽	[名]	页	12
쯤	[名]	左右	12
찢다	[动]	撕	16

ㅊ

참	[副]	非常,真	6
창문[窓門]	[名]	窗	15
창조적[創造的]	[名/冠]	创造性的	18
찾다	[动]	找,取	7
찾아가다	[动]	去找	11
채팅[chatting]	[名]	网上聊天	17
책[冊]	[名]	书	5
책상[冊床]	[名]	桌子	5
처음	[副]	开头,起初	9
천만에요	[感]	别客气	14
청바지[青-]	[名]	牛仔裤	14
청소년[青少年]	[名]	青少年	15
청소하다[清掃-]	[动]	清扫,扫除	9
초등학교[初等學校]	[名]	小学	11
최신형[最新型]	[名]	最新型,最新款式	10
추세[趨勢]	[名]	趋势	18
축구[蹴球]	[名]	足球	6
축구화[蹴球靴]	[名]	足球鞋	10
출근하다[出勤]	[动]	上班	12
출발하다[出發-]	[动]	出发	12

날말색인

출연자[出演者] [名] 演出者	9
춥다 [形] 冷	6
취미[趣味] [名] 兴趣	10
취소하다[取消-] [动] 取消	16
취직하다[就織] [动] 就职,工作	7
층[層] [名] 层	8
치다 [动] 打(球)	14
치마 [名] 裙子	14
친구[親舊] [名] 朋友	5
친절하다[親切-] [形] 亲切	9
칠판[漆板] [名] 黑板	7
침대[寢臺] [名] 床	8
침실[寢室] [名] 寝室,卧室	8

ㅋ

카메라[camera] [外] 照相机	5
카페[café 法] [外] 咖啡馆	6
칼국수 [名] 刀削面	15
커플[couple] [外] 双,两个	13
커피[coffee] [名] 咖啡	5
커피숍[coffee shop] [名] 咖啡馆	7
커피잔[coffee 盏] [名] 咖啡杯	6
컴퓨터[computer] [外] 电脑,计算机	5
켤레 [名] 双	10
콜라[cola] [外] 可乐	10
크다 [形] 大	6
키 [名] 个子,大小	10
키가 크다 [词组] 个子高	15

ㅌ

타다 [动] 乘,坐	7
탑[塔] [名] 塔	17
태권도[跆拳道] [名] 跆拳道	10
태어나다 [动] 出生	9
택시[taxi] [外] 出租车	10
테너[tenor] [外] 男高音,次重音	9

텔레비전[television] [外] 电视机	6
토끼 [名] 兔子	10
통신기술[通信技術] [名] 通信技术	13
통화[通話] [名] 通话	8
퇴원하다[退院-] [动] 出院	18
특히[特-] [副] 特别	9

ㅍ

파티[party] [外] 聚会	9
판소리 [专] 盘索里(朝鲜朝后期流行的一种说唱形式)	9
팔다 [动] 卖	14
펜[pen] [名] 笔	17
편리하다[便利-] [形] 方便,便利	8
편지[便紙] [名] 信	6
편지지[便紙紙] [名] 信纸	17
편찮으시다 [形] 不舒服,生病	11
편하다[便-] [形] 方便,便宜	16
평소[平素] [名] 平时,平常	17
표[票] [名] 票	17
프랑스[France] [外] 法国	5
프로그램[program] [名] 节目	12
프로메테우스[Prometheus] [名] 普罗米修斯	11
피곤하다[疲困-] [形] 疲惫,疲倦	7
PC방[PC 房] [名] 网吧	9
필요하다[必要-] [形] 需要	8

ㅎ

하늘 [名] 天,天空	15
하다 [动] 做,干	6
하루 [名] 一天	12
하숙집[下宿-] [名] 寄宿的家	14
학교[學校] [名] 学校	6
학번[學番] [名] 学号	14
학생증[學生證] [名] 学生证	8

总词汇表

학위논문실[學位論文室] [名] 学位论文室	8
한결 [副] 更,尤其,特别	17
한국[韓國] [名] 韩国	5
한국사[韓國史] [名] 韩国史	18
한국어[韓國語] [名] 韩国语	5
한복[韓服] [名] 韩服	15
한자[漢字] [名] 汉字	14
한정식[韓定食] [名] 韩国套餐	15
한중-중한사전[韓中-中韓辭典] [名] 韩中中韩辞典	6
할아버지 [名] 爷爷,祖父	11
함께 [副] 一起,一块儿	6
항공[航空] [名] 航空	14
항구도시[港口都市] [名] 港口城市	7
항상[恒常] [副] 总是	15
해 [名] 年	6
해결하다[解決] [动] 解决	16
해물탕[海物湯] [名] 海鲜汤	15
해수욕장[海水浴場] [名] 海水浴场	7
해외여행[海外旅行] [名] 海外旅行	8
핸드폰[handphone] [外] 手机	5
햄버거[hamburger] [外] 汉堡包	10
행복[幸福] [名] 幸福	8
현대[現代] [名] 现代	13
형[兄] [名] 哥哥	10
혜화역[惠化驛] [名] 惠化站	16
-호선[-號線] [名] 地铁线路	16
혼잡하다[混雜] [形] 混乱,复杂	18
화가 나다 [词组] 生气	14
화를 내다 [词组] 发脾气	15
화장실[化粧室] [名] 洗手间,卫生间	6
화장하다[化粧-] [动] 化妆	18
확실하다 [形] 确实	18
활동적[活動的] [名/冠] 活跃的	18
회사[會社] [名] 公司	6
회사원[會社員] [名] 公司职员	5
회장님[會長-] [名] 会长,董事长	11
회화[會話] [名] 会话	12
훌륭하다 [形] 优秀	9
휘파람 [名] 口哨	17
휴게실[休憩室] [名] 休息室	8
흐리다 [动] 阴,阴天	16
희망[希望] [名] 希望	18
흰색[-色] [名] 白色	14
힘들다 [动] 累,费劲	12

《大学韩国语　第一册(第三版)》

尊敬的老师：
　　您好！
　　为了方便您更好地使用本教材，获得最佳教学效果，我们特向使用该书作为教材的教师赠送配套资料。如有需要，请完整填写"教师联系表"并加盖所在单位系(院)公章，免费向出版社索取。

北京大学 出版社

教 师 联 系 表

教材名称	《大学韩国语　第一册(第三版)》					
姓名：		性别：		职务：		职称：
E-mail：		联系电话：		邮政编码：		
供职学校：			所在院系：			（章）
学校地址：						
教学科目与年级：			班级人数：			
通信地址：						

　　填写完毕后，请将此表邮寄给我们，我们将为您免费寄送本教材配套资料，谢谢！

北京市海淀区成府路205号
北京大学出版社外语编辑部　刘　虹
邮政编码：100871
电子邮箱：554992144@qq.com

邮 购 部 电话：010-62534449
市场营销部电话：010-62750672
外语编辑部电话：010-62754382